Guide Pratique de Conversation

法國會話

Guide Pratique de Conversation

Français • Cantonais • Mandarin

法國會話

法語 • 廣東話 • 普通話

David SANTANDREU CALONGE

香 港 城 市 大 學 出 版 社
City University of Hong Kong Press

First published 2005
Second printing 2005
Printed in Hong Kong

ISBN: 962-937-108-1

Published by :
City University of Hong Kong Press
Tat Chee Avenue, Kowloon, Hong Kong
Website: www.cityu.edu.hk/upress
E-mail: upress@cityu.edu.hk

2005 年第二次印刷

國際統一書號：962-937-108-1

出版：香港城市大學出版社
香港九龍達之路
香港城市大學
網址：www.cityu.edu.hk/upress
電郵：upress@cityu.edu.hk

Sommaire 目錄

Remerciements 鳴謝

Un premier livre est comme un premier enfant, on voit l'idée naître, grandir, se développer, atteindre l'âge adulte pour finalement arriver à maturité. Les jours passent, les mois et il semble que le projet n'arrivera jamais à sa fin, tant de choses à dire, tant de changements et de modifications.

Ecrire un guide en trois langues (dont deux asiatiques) à plusieurs mains, est un challenge pour de multiples raisons qu'il est aisé d'imaginer: pertinence des phrases et des dialogues, traduction dans une langue parlée, courante, communicative et adaptée au contexte, distribution des rôles, etc.

Je voudrais donc ici remercier de tout mon cœur Leung Ming Lam Kidd, Hui Chuen Kei Chinky, Leung Ching Yi Sabrina, Wan Kaman, Ng Ka Ho Chris, Chow Shuk Wah Bonnie pour leur énorme travail de traduction malgré leur emploi du temps très chargé ainsi que Law Hong Yee Connie pour sa supervision de la version «cantonais» et les heures passées à tout re-vérifier. Sans leur motivation et leur gentillesse, ce guide n'aurait jamais vu le jour. Un énorme MERCI à Zhang Hanxiao Elena, et Zhang Ling Eleanor qui n'ont pas hésité une seule seconde lorsque je leur ai proposé de s'occuper de la version «mandarin» du guide afin qu'elle soit la plus réaliste possible. Elles ont abattu en quelques semaines un travail titanesque. Je ne sais comment exprimer de manière juste ce que je dois à Yeung Yin Yu Tracy pour le design de ce guide. Tracy a travaillé sans relâche jusqu'à des heures avancées de la nuit pour vérifier, traduire les notes culturelles, éditer le texte pour obtenir un produit clair, présentable et facile d'utilisation. Merci également aux trois «voix» du CD qui accompagne le guide: Xiao Hui (mandarin), Yeung Yin Yu Tracy (cantonais), Nicolas Carrelet de Loisy (français).

Je tiens particulièrement à remercier Roger Billion, dont j'ai suivi les cours au lycée et à l'université de Bordeaux, qui m'a communiqué sa passion pour la langue et la culture chinoises.

Je dois également remercier mes parents pour leurs encouragements tout au long de ces années. Je leur dédie ce livre.

Pour terminer, je voudrais dire un grand merci à tous mes étudiants, professeurs, amis, collègues et connaissances, présents et passés, qui m'ont tellement appris sur les langues et les cultures étrangères ainsi que sur ma propre culture. Grâce à eux, chaque jour, chaque instant est une découverte.

Prononciation 發音

VOWELS 母音

In French, the vowels are "pure", i.e., there is no slackening off or diphthongisation at the end of the sound.
母音在法文是單(純)音的，也即是說，在語音的最後不用減弱或形成雙元音。

[a]

back vowel, mouth well open, tongue lowered as in English "father": long in *pâte* [pa:t],[1] short in *cas* [ka].

後舌的母音，口張得開一點，把舌放在較低位置，像英語中 *father* 的讀音：讀 *pâte* [pa:t] 時發音長一些，[1]讀 *cas* [ka] 時發音短一些。

[ã]

[a]-sound but with some of the breath passing through the nose: long in *prendre* [prã:dr], short in *banc* [bã].

跟[a]的發音一樣，但發音時有些空氣經過鼻子：讀 *prendre* [prã:dr] 時發音長一些，讀 *banc* [bã] 時發音短一些。

[e]

closed vowel, tongue raised and well forward, corners of the mouth drawn back, though not as far as for [i] ; purer than the vowel in English "nay", "clay", etc...: *été* [e'te].[2]

封閉的母音，舌頭升高和向前發母音，口角向後，但不要讀成[i]；比英語中 *nay*, *clay* 等讀音更單純：*été* [e'te]。[2]

[ɛ]

open vowel, tongue less raised and further back than for [e], corners of the mouth drawn back but slightly less than for [e]; purer than the sound in English "bed": long in *mère* [mɛ:r], short in *après* [a'prɛ].

張口發音，舌頭比[e]音位置較低和後，口角向後程度比[e]音較少；比英語中 *bed*讀音單純：讀 *mère* [mɛ:r] 時發音長一些，讀 *après* [a'prɛ] 時發音短一些。

[ɛ̃]

[ɛ]-sound, but with some breath passing through the nose: long in *plaindre* [plɛ̃:dr], short in *fin* [fɛ̃].

跟[ɛ]的發音一樣，但發音時有些空氣經過鼻子：讀 *plaindre* [plɛ̃:dr] 時發音長一些，讀 *fin* [fɛ̃] 時發音短一些。

[ə]

rounded sound, something like the [a] in English "about": *je* [fo], *lever* [ləve].

用圓唇發音，就好像英語[a] (例如 about)：*je* [fo], *lever* [ləve]。

[i]

closed vowel, tongue very high, corners of the mouth well back, rather more closed than [i] in English "sea": long in *dire* [di:r], short in *vie* [vi].

封閉的母音，舌放在很高的位置，口角十分後，近似英語[i] 的發音(例如 *sea*)：讀 *dire* [di:r] 時發音長一些，讀 *vie* [vi] 時發音短一些。

[o]

closed vowel, tongue drawn back, lips rounded: no tailing off into [u] or [w] as in English "below": long in *fosse* [fo:s], short in *peau* [po].

封閉的母音，舌頭後移，圓唇；沒有英語中[u]或[w]尾音(例如 *below*)：讀 *fosse* [fo:s] 時發音長一些，讀 *peau* [po] 時發音短一些。

[ɔ]

open [o] but closer than in English "cot", with tongue lower, lips more rounded, mouth more open: long in *fort* [fɔ:r], short in *cotte* [kɔt].

張口的[o]，近似英語中 *cot*的讀音，舌頭位置較低，唇較圓，口張得更大：讀 *fort* [fɔ:r] 時發音長一些，讀 *cotte* [kɔt] 時發音短一些。

[ɔ̃]

[ɔ]-sound, but with some of the breath passing through the nose: long in *nombre* [nɔ̃:br], short in ***mon*** [mɔ̃].

[ɔ]音，但發音時有些空氣經過鼻子：讀 *nombre* [nɔ̃:br] 時發音長一些，讀 ***mon*** [mɔ̃] 時發音短一些。

[ø]

a rounded [e], pronounced rather like the [ir] of English "birth", bit closer and with lips well rounded and forward: long in *chanteuse* [ʃã'tø:z], short in ***peu*** [pø].

圓唇[e]的發音，近似英語中[ir](例如 *birth*)，嘴唇圓而向前：讀 *chanteuse* [ʃã'tø:z] 時發音長一些，讀 ***peu*** [pø] 時發音短一些。

[œ]

a rounded open [ɛ], a little like the [ur] of English "turn" but with the tongue higher and the lips well rounded: long in ***fleur*** [flœ:r], short in ***œuf*** [œf].

圓唇而張口的[ɛ]，近似英語中[ur](例如 *turn*)，但舌頭位置較高，唇較圓：讀 ***fleur*** [flœ:r] 時發音長一些，讀 ***œuf*** [œf] 時發音短一些。

[œ̃]

the same sound as [œ] but with some of the breath passing through the nose: long in *humble* [œ̃:bl], short in ***parfum*** [par'fœ̃].

跟[œ]的發音一樣讀，但發音時有些空氣經過鼻子：讀 *humble* [œ̃:bl] 時發音長一些，讀 ***parfum*** [par'fœ̃] 時發音短一些。

[u]

closed vowel with back of the tongue raised close to the soft palate and the front drawn back and down, and lips far forward and rounded; rather like the [oo] of English "root" but tighter and without the tailing off into the [w] sound: long in ***tour*** [tu:r], short in ***route*** [rut].

封閉的母音，舌頭的尾部分提升近軟顎，舌尖向後而下，嘴唇圓及向前；近似英語中[oo](例如 *root*) 但緊湊，沒有[w]的尾音：讀 ***tour*** [tu:r] 時發音長一些，讀 ***route*** [rut] 時發音短一些。

[y]

an [i] pronounced with the lips well forward and rounded: long in *mur* [my:r], short in *vue* [vy].

發音像[i]，嘴唇圓而向前：讀 *mur* [my:r] 時發音長一些，讀 *vue* [vy] 時發音短一些。

CONSONANTS 子音

The consonant sounds not listed below are similar to those in English, except that they are more "dry": thus the [p] is not a breathed sound and [t] and [d] are best pronounced with the tip of the tongue against the back of the top teeth, with no breath accompanying the sound.
下面沒有列出的子音跟英語中的子音相似，但較英語"乾"：例如[p]不是個有氣無聲的子音，[t]和[d]都以舌尖接觸門牙後面而不帶氣的發音最好。

[j]

a rapidly pronounced sound like the [y] in English "yes": *diable* [dja:bl], *dieu* [djø], fille [fi:j].

一個發音很快的子音，像英語中的[y] (例如 *yes*)：*diable* [dja:bl], *dieu* [djø], *fille* [fi:j]。

[l]

usually more voiced than in English and does not have its hollow sound: *aller* [a'le].

通常比英語更有聲，沒有空洞的聲音：*aller* [a'le]。

[ɲ]

the "n mouillé", an [n] followed by a rapid [j]: *cogner* [kɔ' ɲe].

"n mouillé"，很快的[j]音跟隨[n]音：*cogner* [kɔ' ɲe]。

[ŋ]

not a true French sound; occurs in a few borrowed words: *meeting* [mi'tiŋ].

不是一個真正的法文讀音；出現於借來的字：*meeting* [mi'tiŋ]。

[r]

in some parts of France the [r] may be sounded like a slightly rolled English [r], but the uvular sound is more generally accepted. It has been described as sounding like a short and light gargle: ronger [rɔ̃:'fe].

法國一些地方，[r] 的發音可能像微捲的英語[r]，但一般都多用小舌音，即好像短而輕的含漱聲音，如 ronger [rɔ̃:'fe]。

[ʃ]

rather like the [sh] of English "shall", never like the [ch] of English "cheat": *chanter* [ʃa'te].

像英語中的[sh] (例如 *shall*)，但一點也不像[ch] (例如 *cheat*)：*chanter* [ʃa'te]。

[ɥ]

like a rapid [y], never a separate syllabe: *muet* [mɥɛ].

像很快的[y] 音，但不是分開的音節：*muet* [mɥɛ]。

[w]

not as fully a consonant as the English [w]. It is half-way between the consonant [w] and the vowel [u]: *oui* [wi].

不像英語中的[w] 是一個完全的子音。一半是子音[w]，一半是母音[u]：*oui* [wi]。

[ʒ]

a voiced [ʃ]; it is like the second part of the sound of [di] in the English "soldier", i.e., it does not have the [d] element: *j'ai* [ʒe]; *rouge* [ru:ʒ].

有聲的[ʃ]；近似英語中的[di] (例如 *soldier*)，所以沒有[d] 元素：*j'ai* [ʒe]; *rouge* [ru:ʒ]。

Notes 註釋

1. When the sign [:] appears after a vowel, it indicates that the duration of the vowel sound is rather longer than for a vowel which appears without it. Thus the [œ] of *feuille* [fœ:j] is longer than the [œ] of *feuillet* [fœ'jɛ].

   當[:]符號出現在母音之後，就表示該母音的發音較長。所以 *feuille* [fœ:j]中的[œ]讀音比 *feuillet* [fœ'jɛ]中的[œ]長。

2. The stressed syllabe is indicated by the use of the sign ['] before it. (the presence of the ['] may be considered a reminder that the word should not normally be stressed in any other syllabe, especially if the word resembles an English one which is stressed elsewhere.

   音節前有['] 符號表示該音節為重音 (['] 符號的出現也可能是提示該字不像其他音節平常的重音，尤其是如果該字與英文的拼字很相像而重音卻在別的地方)。

La France　法國簡介

面積：　法國全國面積約550,000平方公里，是西歐最大的國家（約五分之一歐盟面積），擁有一個巨大的海域。

地勢：　主要山脈為阿爾卑斯山（Alpes，其最高的山峰白朗峰 Le Mont Blanc，是歐洲第一高峰，高 4,800 公尺）、庇里牛斯山（Pyrénées）、侏羅（Jura）、阿登高地（Ardennes）、中央高原（Massif Central）及佛日山脈（Vosges）。

法國海岸線與北海（La Mer du Nord）、英倫海峽（La Manche）、大西洋（Océan Atlantique）及地中海（La Mer Méditerranée）四大海域相接，總長5,500千里。

氣候：　法國有三種不同氣候——海洋性氣候（法國西面）
地中海氣候（法國南面）
大陸性氣候（法國中部和東面）

環境：　百分之二十六的法國土地都是森林。法國林地在歐盟中排第三位，僅次於瑞典及芬蘭。
為了保存和發展法國的自然傳統，法國政府設了：
- 7個國家公園；
- 132個自然保護區；
- 463個受保護品種的指定區；
- 389個受保護海岸區域；
- 35個區域自然公園，佔整個國家超過百分之七的土地。

此外，法國更參與不少有關環境的國際性條約和協議，其中與聯合國就氣候、生物多元化及沙漠化達成協議。

人口：　法國有60,700,000居民，人口密度是每平方公里107居民。
法國有52個擁有多於150,000居民的市區。
首五大城市：
1. 巴黎（Paris）
2. 里昂（Lyon）
3. 馬賽、艾克斯（Marseille-Aix-en-Provence）
4. 里耳（Lille）
5. 土魯斯（Toulouse）

Conversation Courante 日常用語

Français	廣東話	普通話
Salut	你好	你 好 nǐ hǎo
Bonjour	早晨/你好	早 安 zǎo ān
Bonsoir	你好 (夜晚講)	你 好 (在夜間說) nǐ hǎo
Comment ça va?/ Ça va?	點呀/呢排點呀?	你 近 來 怎 麼 樣? nǐ jìn lái zěn me yàng
Bien, merci.	好，多謝	好 的，謝 謝 hǎo de xiè xie
Et vous?	你呢?	你 呢? (禮貌說法) nǐ ne
Et toi?	你呢?	你 呢? nǐ ne
Merci beaucoup	好多謝你/唔該晒	謝 謝 你 xiè xiè nǐ
Excusez-moi	唔好意思	不 好 意 思 bù hǎo yì si
Je t'aime	我愛你	我 愛 你 wǒ ài nǐ
Je voudrais...	我想...	我 想 ... wǒ xiǎng
Nous voudrions...	我哋想...	我 們 想 ... wǒ men xiǎng
Qu'est-ce que tu veux?	你想要乜呀?	你 想 要 甚 麼? nǐ xiǎng yào shén me

Français	廣東話	普通話
Montrez-moi…	畀我睇…	給 我 看 看 … gěi wǒ kàn kàn
Je cherche…	我搵…	我 找 … wǒ zhǎo
Je suis perdu	我蕩失路呀	我 迷 路 了 wǒ mí lù le
A plus tard/A bientôt	遲啲見	一 會(兒) 見 yí huìr jiàn
Oui	係	是 的 shì de
Non	唔係	不 是 bú shì
S'il vous plaît	唔該/麻煩你	謝 謝 你 xiè xiè nǐ
Bien	好	好 hǎo
Très bien	非常好	很 好 hěn hǎo
Super	超好	十 分 好 shí fēn hǎo
Où?	邊度?	哪 裏? nǎ lǐ
Où est…?	…喺邊?	… 在 哪 (兒)? zài nǎr
Où sont…? (p)	…喺邊? (複數)	… 在 哪 (兒)? zài nǎr
Quand?	幾時?	甚 麼 時 候? shén me shí hòu
Comment?	點樣?	怎 麼 樣? zěn me yàng
Combien?	幾多…?	多 少? duō shǎo

Français	廣東話	普通話
Qui?	邊個(人)?	誰? shuí
Quoi?	乜嘢?	甚 麼? shén me
Pourquoi?	點解?	為 甚 麼? wèi shén me
Lequel(m)/Laquelle(f)/ Lesquels(mp)/ Lesquelles(fp)	邊樣?	哪 一 樣? nǎ yí yàng
Comment dites vous ça en français?	呢啲法文點講?	這 個 法 文 怎 樣 說? zhè gè fǎ wén zěn yàng shuō
Vous parlez...?	你識唔識講...?	你 會 說 ... 嗎? nǐ huì shuō ma
– français	– 法文	– 法 文 fǎ wén
– anglais	– 英文	– 英 文 yīng wén
– cantonais	– 廣東話	– 廣 東 話 guǎng dōng huà
– mandarin	– 普通話/國語	– 國 語 guó yǔ
Je ne parle pas français	我唔識講法文	我 不 會 說 法 文 wǒ bú huì shuō fǎ wén
Vous pouvez parler plus lentement?	你可唔可以講慢啲?	你 能 不 能 說 慢 一 點? nǐ néng bu néng shuō màn yì diǎn
Tu peux répéter?	你可唔可以講多次?	你 可 不 可 以 多 說 一 次? nǐ kě bu kě yǐ dūo shuō yí cì

Français	廣東話	普通話
Vous pouvez répéter?	你可唔可以講多次？(有禮貌啲)	你 可 不 可 以 再 說 一 遍? (有禮貌一點) nǐ kě bu kě yǐ zai shuō yí biàn
Un moment, s'il vous plaît.	等一陣，唔該	對 不 起, 請 等 一 會 duì bù qǐ qǐng děng yí huì
Je ne comprends pas!	我唔明呀！	我 不 明 白! wǒ bù míng bai
Vous comprenez?	你明唔明呀？	你 明 不 明 白? nǐ míng bù míng bai
Ce n'est pas possible!	咁樣唔得㗎！	這 可 不 行! zhè kě bù xíng
Pouvez-vous me dire…?	你可唔可以話我聽…？	你 可 不 可 以 跟 我 說 …? nǐ kě bu kě yǐ gēn wǒ shuō
Pouvez-vous m'aider?	你可唔可以幫我？	你 能 不 能 幫 我 一 下? nǐ néng bu néng bāng wǒ yí xià
Je peux vous aider?	我可唔可以幫到你？	我 有 甚 麼 可 以 效 勞? wǒ yǒu shén me kě yǐ xiào láo

A l'aéroport 機場

Français	廣東話	普通話
Où est l'immigration?	入境處喺邊度?	入境處在哪裏? rù jìng chù zài nǎ lǐ
Où est votre passeport?	你本護照喺邊呀?	你的護照在哪裏? nǐ de hù zhào zài nǎ lǐ
Le voici	喺呢度	在這裏 zài zhè lǐ
Où est votre carte d'immigration?	你張入境證喺邊呀?	你的入境證在哪裏? nǐ de rù jìng zhèng zài nǎ lǐ
Combien de temps comptez-vous rester…?	你想喺…留幾耐?	你希望在…逗留多久? nǐ xī wàng zài … dòu liú duō jiǔ
– à Hong Kong	– 香港	– 香港 xīang gǎng
– en France	– 法國	– 法國 fǎ guó
Deux semaines seulement	只係兩個禮拜	就兩個星期 jiù liǎng gè xīng qī
Trois jours seulement	只係三日	就三天 jiù sān tiān
Un mois	一個月	一個月 yí gè yuè
Quel est l'objet de votre visite?	你今次旅遊有咩目的?	你這次旅遊的目的是甚麼? nǐ zhè cì lǚ yóu de mù di shì shén me
Tourisme/Pour affaires	旅遊/公幹	旅遊/公幹 lǚ yóu gōng gàn

Français	廣東話	普通話
Je viens rendre visite à…	我嚟探/搵…	我 是 來 探 望/ 找 … wǒ shì lái tàn wàng zhǎo
– un parent/un ami	– 親戚/一個朋友	– 親 戚/ 一 個 朋 友 qìng qī yí gè péng yǒu
– un associé	– 一個生意拍擋	– 一 個 生 意 合 作 夥 伴 yí gè shēng yì hé zuò huǒ bàn
Vous avez des parents…?	你親戚喺…?	你 的 親 戚 在 …? nǐ de qìng qī zài
– ici	–喺呢度	– 這 裏 zhè lǐ
– en France	–喺法國	– 在 法 國 zài fǎ guó
Oui/Non	係/唔係	是/ 不 是 shì bú shì

Bagages 行李

CH02_02

Français	廣東話	普通話
Où est la sortie?	出口喺邊度?	出 口 在 哪 兒? chū kǒu zài nǎr
Tout droit	直行	直 走 zhí zǒu
Où puis-je récupérer mes bagages?	我喺邊度可以攞番件行李?	我 可 以 在 哪 裏 拿 回 我 的 行 李? wǒ kě yǐ zài nǎ lǐ ná huí wǒ de xíng lǐ
Là-bas à votre droite/ gauche	嗰邊轉右/左	往 那 邊 右/ 左 轉 wǎng nà biān yòu zǔo zhuǎn

Français	廣東話	普通話
Vous avez pris quelle compagnie?	你坐邊間航空公司嚟？	你乘坐哪一間航空公司的飛機? nǐ chéng zuò nǎ yì jiān háng kōng gōng sī de fēi jī
Quel est votre numéro de vol?	你班機幾多號？	你乘的幾號班機? nǐ chéng de jǐ hào bān jī
Vous pouvez récupérer vos bagages ici?	你可以喺呢度攞番件行李	你可以在這兒領回你的行李 nǐ kě yǐ zài zhèr lǐng huí nǐ de xíng lǐ
Où sont les chariots?	喺邊度可以攞行李車？	在哪裏可以找到行李車? zài nǎ lǐ kě yǐ zhǎo dào xíng lǐ chē
Là-bas	嗰邊	那邊 nà biān

La Douane 海關

CH02_03

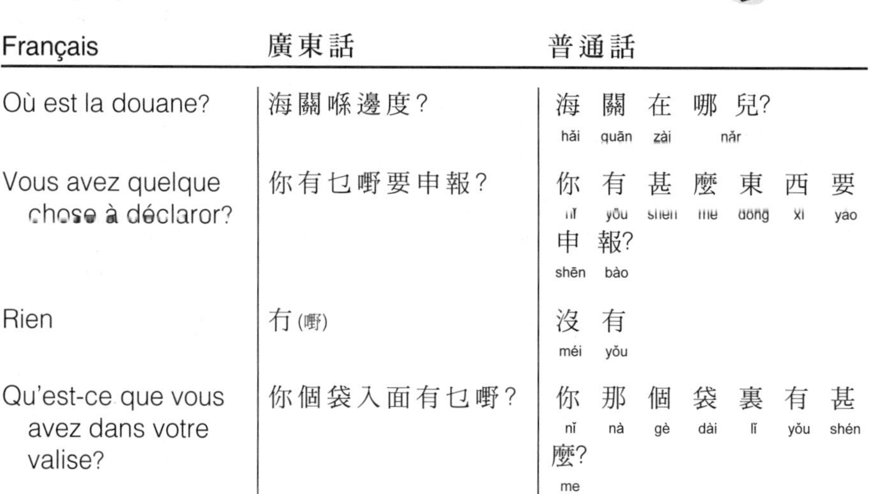

Français	廣東話	普通話
Où est la douane?	海關喺邊度？	海關在哪兒? hǎi quān zài nǎr
Vous avez quelque chose à déclarer?	你有乜嘢要申報？	你有甚麼東西要申報? nǐ yǒu shén me dōng xi yào shēn bào
Rien	冇(嘢)	沒有 méi yǒu
Qu'est-ce que vous avez dans votre valise?	你個袋入面有乜嘢？	你那個袋裏有甚麼? nǐ nà gè dài lǐ yǒu shén me

Français	廣東話	普通話
Seulement des effets personnels	淨係得啲私人嘢	只是一些個人物品 zhǐ shì yì xiē gè rén wù pǐn
J'ai quelque chose à déclarer	我有嘢要申報	我有東西要申報 wǒ yǒu dōng xi yào shēn bào
Qu'est-ce que c'est?	乜嘢嚟㗎?	這是甚麼? zhè shì shén me
Vous devez payer trois cents dollars/euros/yuans	你需要畀300港幣/歐元/人民幣	你需要付三百港元/歐元/人民幣 nǐ xū yào fù sān bǎi gǎng yuán ōu yuán rén mín bì
C'est cher!	咁貴?	這麼貴? zhè me guì
Je voudrais changer ça en dollars de Hong Kong/euros/yuans	我想將呢啲唱做港幣/歐元/人民幣	我想把這些兌成港元/歐元/人民幣 wǒ xiǎng bǎi zhè xiē duì chéng gǎng yuán oū yuán rén mín bì
Je voudrais encaisser ce chèque de voyage	我想入張旅遊支票	我想存入這張旅遊支票 wǒ xiǎng cún rù zhè zhāng lǚ yóu zhī piào
Quel est le taux de change?	匯率幾多?	匯率是多少? huì lǜ shì duō shǎo
Où est l'Office du tourisme?	旅遊局喺邊度?	旅遊局在哪兒? lǚ yóu jú zài nǎr
Où est-ce que je peux prendre un taxi?	我喺邊度可以搭的士?	我可以在哪裏打的? wǒ kě yǐ zài nǎ lǐ dǎ di

Français	廣東話	普通話
Où puis-je louer une voiture?	邊度可以租車呀？	可 以 在 哪 裏 租 車? kě yǐ zài nǎ lǐ zū chē
Est-ce qu'il y a un téléphone près d'ici?	附近有冇電話呀？	附 近 有 沒 有 電 話? fù jìn yǒu méi yǒu diàn huà
Est-ce qu'il y a des toilettes près d'ici?	附近有冇廁所呀？	附 近 有 沒 有 公 廁? fù jìn yǒu méi yǒu gōng cè
Est-ce qu'il y a un restaurant près d'ici?	附近有冇餐廳呀？	附 近 有 沒 有 餐 廳? fù jìn yǒu méi yǒu cān tīng
Où pourrais-je avoir des informations sur les hôtels de la ville?	喺邊度可以攞到呢度啲酒店嘅資料？	在 哪 裏 可 以 找 到 zài nǎ lǐ kě yǐ zhǎo dào 這 裏 酒 店 的 資 料? zhè lǐ jiǔ diàn de zī liào

法國機場

如果乘飛機到法國，你一般都會在巴黎着陸。巴黎有兩個國際機場：位於北面的戴高樂機場（Roissy-Charles de Gaulle）和位於南面的奧里機場（Orly），有機場巴士和郊外地鐵快線（R. E. R）連接巴黎市中心。法國其他城市如波爾多（Bordeaux）、里昂（Lyon）、馬賽（Marseille）、尼斯（Nicc）、斯特拉斯堡（Strasbourg）、土魯斯（Toulouse）等也有國際機場，亦有非常完善的交通服務。主要的航空公司：法國—荷蘭航空公司（Air France–KLM）、英國航空公司（British Airways）、德國漢莎航空公司（Lufthansa）、EasyJet 航空公司、Ryanair 航空公司等。

A L'Hôtel 酒店

Français	廣東話	普通話
Je m'appelle...	我叫...	我 的 名 字 是 ... wǒ de míng zì shì
J'ai une réservation	我訂咗間房	我 預 訂 了 一 間 房 wǒ yù dìng le yì jiān fáng
Nous avons réservé deux chambres	我哋訂咗兩間房	我 們 訂 了 兩 間 房 wǒ men dìng le liǎng jiān fáng
Une simple et une double	一間單人房，一間雙人房	一 間 單 人 房， 一 間 yì jiān dān rén fáng yī jiān 雙 人 房 shuāng rén fáng
Je vous ai envoyé un email	我寄咗封電郵畀你哋	我 已 給 你 們 發 了 wǒ yǐ gěi nǐ men fā le 一 封 電 郵 yì fēng diàn yóu
Voilà la confirmation	呢份係確認信	這 是 確 認 信 zhè shì què rèn xìn
Je voudrais une chambre pour...	我想要一間...	我 想 要 一 間 ... wǒ xiǎng yào yì jiān
– une personne...	– 單人房...	– 單 人 房 ... dān rén fáng
– deux personnes...	– 雙人房	– 雙 人 房 ... shuāng rén fáng
• avec salle de bains	• 連埋浴室	• 有 浴 室 yǒu yù shì
• avec un lit double	• 連埋雙人床	• 有 雙 人 床 yǒu shuāng rén chuáng
• avec balcon	• 連埋露台	• 有 露 台 yǒu lù tái

Français	廣東話	普通話
• qui donne...	• 向 ...	• 面 對 ... miàn duì
♦ sur la rue	♦ 街	♦ 街 jiē
♦ sur la mer	♦ 海	♦ 海 hǎi
♦ sur la cour	♦ 庭院嗰邊	♦ 在 院 子 那 邊 zài yuàn zi nà biān
Je voudrais une chambre calme	我想要間靜啲嘅房	我 想 要 一 間 比 較 靜 的 房 間 wǒ xiǎng yào yì jiān bǐ jiào jìng de fáng jiān
Est-ce qu'il y a...?	間房有冇...?	這 房 間 有 沒 有 ...? zhè fáng jiān yǒu méi yǒu
– la clim/ un climatiseur/ la climatisation	– 冷氣	– 空 調 設 備 kōng tiáo shè bèi
– une télévision/ une télé	– 電視	– 電 視 機 diàn shì jī
– un réfrigérateur/ un frigo	– 雪櫃	– 電 冰 箱 diàn bīng xiāng
– un service de nettoyage	– 清潔服務	– 清 潔 服 務 qīng jié fú wù
– l'eau chaude	– 熱水	– 熱 (開) 水 rè (kāi) shuǐ
– une douche/ une baignoire	– 浴缸	– 浴 盆 yù pén
Quel est le prix de la chambre...?	間房...要幾錢?	這 房 間 ... 要 多 少 錢? zhè fáng jiān yào duō shǎo qián
– pour une semaine	– 住一個禮拜	– 住 一 個 星 期 zhù yí gè xīng qī
– pour une nuit	– 住一晚	– 住 一 晚 zhù yì wǎn

Français	廣東話	普通話
Est-ce que le petit déjeuner est compris?	包唔包早餐？	是否包括早餐? shì fǒu bāo kuò zǎo cān
Le montant est T.T.C (Toutes Taxes Comprises)?	個總數包唔包埋稅？	總數是不是包括稅款? zǒng shù shì bu shì bāo kuō shuì kuǎn
Vous faites une réduction pour les enfants/étudiants?	細路仔/學生有冇折？	兒童/學生是否有折扣? ér tóng/ xué shēng shì fǒu yǒu zhé kòu
C'est un peu cher!	貴咗啲！	有點貴! yǒu diǎn guì
Vous avez quelque chose de moins cher?	有冇其他平啲㗎？	有沒有其他比較便宜點的? yǒu méi yǒu qí tā bǐ jiào pián yì diǎn de
Nous allons rester...	我哋住…	我們住… wǒ men zhù
– une nuit	– 一晚	– 一個晚上 yí gè wǎn shàng
– quelques jours	– 幾晚	– 幾天 jǐ tiān
– une semaine	– 一個禮拜	– 一個星期 yí gè xīng qī
Je ne sais pas exactement combien de temps nous allons rester	我都唔肯定住幾耐㗎	我也不肯定會住多久 wǒ yě bù kěn dìng huì zhù duō jiǔ
Est-ce que je peux voir la chambre?	可唔可以睇吓間房？	我可不可以看看那房間? wǒ kě bu kě yǐ kàn kàn nà fáng jiān

Problèmes 困難/問題

Français	廣東話	普通話
Non, la chambre ne me plaît pas.	間房我唔係幾滿意	我 不 是 很 滿 意 這 個 房 間 wǒ bú shì hěn mǎn yì zhè gè fáng jiān
Excusez-moi, l'hôtel est complet.	唔好意思，酒店已經客滿	對 不 起，酒 店 已 經 客 滿 了 duì bù qǐ jiǔ diàn yǐ jīng kè mǎn le
Elle est…	間房…	這 個 房 間 … zhè gè fáng jiān
– trop froide/trop chaude	– 太凍/太熱	– 太 冷/ 太 熱 tài lěng tài rè
– trop grande/trop petite	– 太大/太細	– 太 大/ 太 小 tài dà tài xiǎo
– trop sombre/trop claire	– 太暗/太光	– 太 暗/ 太 亮 tài àn tài liàng
– trop bruyante	– 太嘈	– 太 吵 tài chǎo
J'ai demandé une chambre avec douche/avec bain	我想要間有花灑/浴缸嘅房	我 想 要 一 間 有 淋 浴 器/ 浴 缸 的 房 間 wǒ xiǎng yào yì jiān yǒu lín yù qì yù gāng de fáng jiān
Vous n'avez rien de…?	你哋有冇…嘅房？	你 們 有 沒 有 … 的 房 間？ nǐ men yǒu méi yǒu de fáng jiān
– mieux	– 好啲	– 好 一 點 hǎo yì diǎn
– plus grand	– 大啲	– 大 一 點 dà yì diǎn
– moins cher	– 平啲	– 便 宜 點 pián yí diǎn

Français	廣東話	普通話
– plus calme	– 靜啲	– 靜 一 點 jìng yì diǎn
C'est parfait. Je la prends.	呢間房好，就要呢間	這 個 房 間 好, 我 要 zhè gè fáng jiān hǎo wǒ yào 這 一 間 zhè yì jiān

Formalités 辦理手續

CH03_03

Français	廣東話	普通話
Puis-je voir votre passeport, s'il vous plaît?	唔該，我可唔可以睇吓你個護照?	對 不 起, 我 可 不 可 duì bù qǐ wǒ kě bu kě 以 看 看 你 的 護 照? yǐ kàn kàn nǐ de hù zhào
Veuillez remplir ce formulaire	填咗張表先	先 填 寫 這 份 表 格 xiān tián xiě zhè fèn biǎo gé
Signez ici, s'il vous plaît.	喺度簽名，唔該	請 在 這 裏 簽 名 qǐng zài zhè lǐ qiān míng
Quel est mon numéro de chambre?	我間房幾多號?	我 的 房 間 是 幾 號? wǒ de fáng jiān shì jǐ hào
Pouvez-vous faire monter mes bagages?	你可唔可以幫我搬啲行李上房?	你 可 不 可 以 幫 我 nǐ kě bu kě yǐ bāng wǒ 把 這 些 行 李 拿 到 bǎ zhè xiē xíng lǐ ná dào 我 的 房 間? wǒ de fáng jiān
Quel est le numéro de la réception?	接待處電話幾多號?	接 待 處 的 電 話 號 jiē dài chù de diàn huà hào 碼 是 多 少? mǎ shì duō shǎo

Pendant votre séjour 入住期間

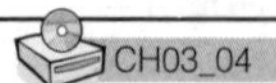

Français	廣東話	普通話
Pouvez-vous demander à la femme de chambre de monter et de faire la chambre, s'il vous plaît?	唔該可唔可以搵執房工人執一執間房?	請 問 可 不 可 以 找 一 個 傭 工 收 拾 一 下? qǐng wèn kě bu kě yǐ zhǎo yí gè yòng gōng shōu shí yī xià
Qui est-ce?/Oui?	邊個?	是 誰? shì shuí
Un moment, s'il vous plaît!	唔該你等陣	請 你 等 一 下 qǐng nǐ děng yí xià
Entrez!	入嚟啦	請 進 來 qǐng jìn lái
Vous pouvez me montrer comment marche la douche?	可唔以示範一下點用個花灑?	可 不 可 以 示 範 一 下 怎 樣 用 這 個 淋 浴 器? kě bu kě yǐ shì fàn yí xià zěn yàng yòng zhè gè lín yù qì
Où se trouve la prise pour le rasoir?	鬚刨插座喺邊?	電 鬍 刀 插 頭 在 哪 裏? diàn hú dāo chā tóu zài nǎ lǐ
Quel est le voltage des prises?	插座嘅電壓係幾多?	插 頭 的 電 壓 是 多 少? chā tóu de diàn yā shì duō shǎo
Comment allumez-vous la télévision?	點樣開部電視?	怎 樣 打 開 這 電 視? zěn yàng dǎ kāi zhè diàn shì

Français	廣東話	普通話
Je pourrais avoir le petit-déjeuner dans la chambre?	我可唔可以喺房度食早餐?	我可以在房間內吃早餐嗎? wǒ kě yǐ zài fáng jiān nèi chī zǎo cān ma
Je voudrais laisser ça dans votre coffre	我想放啲嘢入你哋嘅保險箱	我想放一些東西在你們的保險箱 wǒ xiǎng fàng yì xiē dōng xī zài nǐ men de bǎo xiǎn xiāng
Je pourrais avoir…	我想要…	我想要… wǒ xiǎng yào
– un cendrier	– 煙灰缸	– 煙灰缸 yān huī gāng
– une serviette de bain	– 浴巾	– 浴巾 yù jīn
– une couverture supplémentaire	– 多一張被	– 一張被褥 yì zhāng bèi rù
– des cintres	– 啲衣架	– 一些衣架 yì xiē yī jià
– de la glace	– 啲冰	– 一些冰 yì xiē bīng
– un oreiller supplémentaire	– 多一個枕頭	– 多一個枕頭 duō yí gè zhěn tóu
– du savon	– 番梘	– 肥皂 féi zào
– une bouteille d'eau	– 一支水	– 一瓶水 yì píng shuǐ
Est-ce qu'il y a un salon de coiffure ici?	呢度有冇髮型屋?	這裏有沒有理髮店? zhè lǐ yǒu méi yǒu lǐ fà diàn
Où sont les toilettes, s'il vous plaît?	請問洗手間喺邊?	請問, 洗手間在哪裏? qǐng wèn, xǐ shǒu jiān zài nǎ lǐ

Français	廣東話	普通話
Où se trouve...?	邊度有...?	哪 裏 有 ...? nǎ lǐ yǒu
– le restaurant	– 餐廳	– 餐 廳/ 菜 館 cān tīng cài guǎn
– le salon de beauté	– 美容院	– 美 容 院 měi róng yuàn

Départ 離開酒店

CH03_05

Français	廣東話	普通話
Je voudrais voir le manager/le gérant	我想見吓你哋經理	我 想 見 你 們 的 經 理 wǒ xiǎng jiàn nǐ men de jīng lǐ
Je partirai demain après le petit-déjeuner	我聽日食完早餐就走	我 明 天 吃 完 早 餐 便 離 開 wǒ míng tiān chī wán zǎo cān biàn lí kāi
Vous pouvez me préparer la note?	可唔可以幫我準備張單？	可 不 可 以 幫 我 準 備 賬 單? kě bu kě yǐ bāng wǒ zhǔn bèi zhàng dān
Il y a un petit problème: le total n'est pas correct.	張單有啲問題，個總數唔啱	這 賬 單 有 一 些 問 題, 總 數 算 錯 了 zhè zhàng dān yǒu yì xiē wèn tí zǒng shù suàn cuò le
On n'a pas commandé ça	我冇叫到呢個	我 沒 有 點 這 個 wǒ méi yǒu diǎn zhè gè
Ça doit être une erreur!	一定係有啲嘢唔啱！	一 定 有 些 地 方 不 對！ yí dìng yǒu xiē dì fāng bú duì

Français	廣東話	普通話
Je voudrais payer	我想畀錢/找數	我 想 付 錢 wǒ xiǎng fù qián
Est-ce qu'il vous est possible de changer ça en euros?	可唔可以幫我換做歐羅?	可 不 可 以 幫 我 兌 成 歐 元? kě bu kě yǐ bāng wǒ duì chéng ōu yuán
Vous pouvez descendre mes bagages?	可唔可以幫我搬啲行李落樓呀?	可 不 可 以 幫 我 拿 這 些 行 李 下 去? kě bu kě yǐ bāng wǒ ná zhè xiē xíng lǐ xià qù
Vous pouvez m'appeler un taxi?	可唔可以幫我叫架的士?	可 不 可 以 替 我 找 一 輛 計 程 車? kě bu kě yǐ tì wǒ zhǎo yí liàng jì chéng chē
C'est combien d'ici à l'aéroport, environ?	由呢度去機場大約幾錢?	從 這 裏 到 機 場 大 約 要 多 少 錢? cóng zhè lǐ dào jī chǎng dà yuē yào duō shǎo qián
Est-ce que je peux laisser mes affaires ici?	我可唔可以留啲行李喺度?	我 可 以 留 我 的 行 李 在 這 裏 嗎? wǒ kě yǐ liú wǒ de xíng lǐ zài zhè lǐ ma
Je viendrai les chercher vers 15 heures	三點左右我番嚟拎	我 會 在 三 點 回 來 拿 我 的 行 李 wǒ huì zài sān diǎn huí lái ná wǒ de xíng lǐ
Vous n'avez rien oublié?	你有冇嘢漏咗攞?	你 有 沒 有 東 西 忘 了 拿 走? nǐ yǒu méi yǒu dōng xī wàng le ná zǒu
Voici la clé de ma chambre	呢條係我間房嘅鎖匙	這 是 我 房 間 的 鑰 匙 zhè shì wǒ fáng jiān de yào shi

La restauration 餐館

Au restaurant 餐館

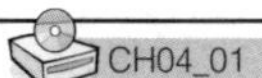

Français	廣東話	普通話
J'ai faim	我好肚餓	我 肚 子 餓 wǒ dù zi è
J'ai soif	我好口渴	我 口 渴 wǒ kǒu kě
Vous pouvez me recommander un bon restaurant, pas trop cher?	你可唔可以介紹一間唔係太貴又好食嘅酒樓畀我?	你 可 不 可 以 介 紹 nǐ kě bu kě yǐ jiè shào 一 間 價 錢 不 太 貴 yì jiān jià qián bú tài guì 而 且 好 吃 的 菜 館 ér qiě hǎo chī de cài guǎn 給 我? gěi wǒ
Je voudrais réserver une table pour deux	我想留一張雙人枱	我 想 預 訂 一 張 雙 wǒ xiǎng yù dìng yì zhāng shuāng 人 桌 子 rén zhuō zi
Nous viendrons à 7h30 (sept heures trente)	我哋會喺七點半嚟到	我 們 七 點 半 會 來 wǒ men qī diǎn bàn huì lái 到 dào
Nous pourrions avoir une table…?	我哋想要一張…	我 們 想 要 一 張 … wǒ men xiǎng yào yì zhāng
– près de la fenêtre	– 近窗嘅枱	– 近 窗 的 桌 子 jìn chuāng de zhuō zi
– près de la clim	– 近冷氣嘅枱	– 近 空 調 的 桌 子 jìn kōng tiáo de zhuō zi
– loin du ventilateur	– 遠風口位嘅枱	– 遠 離 空 調 的 桌 yuǎn lí kōng tiáo de zhuō 子 zi

Français	廣東話	普通話
Vous pourriez m'apporter le menu, s'il vous plaît?	唔該，可唔可以畀個餐牌我？	請 問 你，可 不 可 以 給 我 一 個 菜 單? qǐng wèn nǐ kě bu kě yǐ gěi wǒ yí gè cài dān
J'attends des amis	我等緊朋友	我 在 等 我 的 朋 友 wǒ zài děng wǒ de péng yǒu
Il y a beaucoup de choix	呢度有好多選擇	這 裏 有 很 多 選 擇 zhè lǐ yǒu hěn duō xuǎn zé
Je ne mange pas de viande	我唔食肉	我 不 吃 肉 wǒ bù chī ròu
Je suis végétarien	我食素嘅	我 吃 素 的 wǒ chī sù de
Je suis allergique aux œufs	我對蛋敏感/過敏	我 對 蛋 敏 感/ 過 敏 wǒ duì dàn mín gǎn guò mín
Vous avez choisi?	你揀咗(食乜嘢)未？	你 選 好 了 吃 甚 麼? nǐ xuán hǎo le chī shén me
Qu'est-ce que vous me conseillez comme vin?	你對呢種酒有乜意見？	你 對 這 種 酒 有 甚 麼 意 見? nǐ duì zhè zhǒng jiǔ yǒu shēn me yì jiàn
Un vin blanc/un vin rouge/un rosé	白酒/紅酒/玫瑰酒	白 酒/ 紅 酒/ 玫 瑰 酒 bái jiǔ hóng jiǔ méi guì jiǔ
Ce vin est excellent/ parfait	呢種酒真係好飲	這 種 酒 味 道 真 好 zhè zhǒng jiǔ wèi dào zhēn hǎo
Pouvez-vous m'apporter un peu plus de pain/une carafe d'eau, s'il vous plaît?	唔該，你可唔可以畀多少少麵包/一樽水我？	請 問 你，可 不 可 以 給 我 多 一 點 麵 包/ 一 瓶 水? qǐng wèn nǐ kě bu kě yǐ gěi wǒ duō yì diǎn miàn bāo yì píng shuǐ

Français	廣東話	普通話
Excusez-moi, vous pourriez m'apporter…, s'il vous plaît?	唔好意思，可唔可以畀…我，唔該	對不起，可不可以給我…？ duì bù qǐ, kě bu kě yǐ gěi wǒ
– un cendrier	– 一個煙灰缸	– 一個煙灰缸 yí gè yān huī gāng
– une cuillère	– 一隻羹	– 一隻勺 yì zhī sháo
– une fourchette	– 一隻叉	– 一把叉 yì bǎ chā
– un verre	– 一隻杯	– 一個杯 yí gè bēi
– un couteau	– 一把刀	– 一把刀 yì bǎ dāo
– une assiette	– 一隻碟	– 一隻碟 yì zhī dié
– une serviette	– 一張餐巾	– 一張餐巾 yì zhāng cān jīn
– un cure-dents	– 一枝牙籤	– 一枝牙籤 yì zhī yá qiān
Je voudrais…	我想要…	我想要… wǒ xiǎng yào
– une bière	– 一杯啤酒	– 一杯啤酒 yì bēi pí jiǔ
– du beurre	– 一啲牛油	一些牛油 yì xiē níu yóu
– du ketchup	– 啲茄汁	一些茄汁 yì xiē qié zhī
– du poulet	– 啲雞肉	– 一些雞肉 yì xiē jī ròu
– du porc	– 啲豬肉	– 一些豬肉 yì xiē zhū ròu
– du boeuf	– 啲牛肉	– 一些牛肉 yì xiē níu ròu

Français	廣東話	普通話
– du poisson	– 啲魚	– 一 些 魚 yì xiē yú
– des fruits de mer	– 啲海鮮	– 一 些 海 鮮 yì xiē hǎi xiān
– des fruits	– 啲生果	– 一 些 水 果 yì xiē shuǐ guǒ
– de la glace	– 啲雪糕	– 一 些 冰 淇 淋 yì xiē bīng qí lín
– du citron	– 啲檸檬	– 一 些 檸 檬 yì xiē níng méng
– de la salade	– 啲沙律	– 一 些 沙 律 yì xiē shā lǜ
– de la viande	– 啲肉	– 一 些 肉 yì xiē ròu
– des légumes	– 啲菜	– 一 些 菜 yì xiē cài
– mayonnaise	– 蛋黃醬	– 一 些 蛋 黃 醬 yì xiē dàn huáng jiàng
– de la moutarde	– 啲芥辣	– 一 些 芥 辣 yì xiē jiè là
– du poivre	– 啲胡椒粉	– 一 些 胡 椒 粉 yì xiē hú jiāo fěn
– du sel	– 啲鹽	– 一 些 鹽 yì xiē yán
– du sucre	– 啲糖	– 一 些 糖 yì xiē táng
– du vinaigre	– 啲醋	– 一 些 醋 yì xiē cù
– des frites	– 啲薯條	– 一 些 薯 條 yì xiē shǔ tiáo
– des pommes de terre	– 啲薯仔	– 一 些 馬 鈴 薯 yì xiē mǎ líng shǔ
– du riz	– 啲飯	– 一 些 飯 yì xiē fàn

Français	廣東話	普通話
– des sandwiches	– 一啲三文治	– 一些三明治 yì xiē sān míng zhì
– de l'eau gazeuse (ex: Perrier)	– 一支蒸餾水	– 一瓶/杯蒸餾水 yì píng bēi zhēng liú shuǐ
– de la soupe	– 一啲湯	– 一些湯 yì xiē tāng
– de l'eau chaude	– 一杯熱水	– 一杯熱開水 yì bēi rè kāi shuǐ
– de l'eau froide	– 一杯凍水	– 一杯冷開水 yì bēi lěng kāi shuǐ
– de l'eau avec des glaçons	– 一杯冰水	– 一杯冰水 yì bēi bīng shuǐ

Se plaindre 投訴

CH04_02

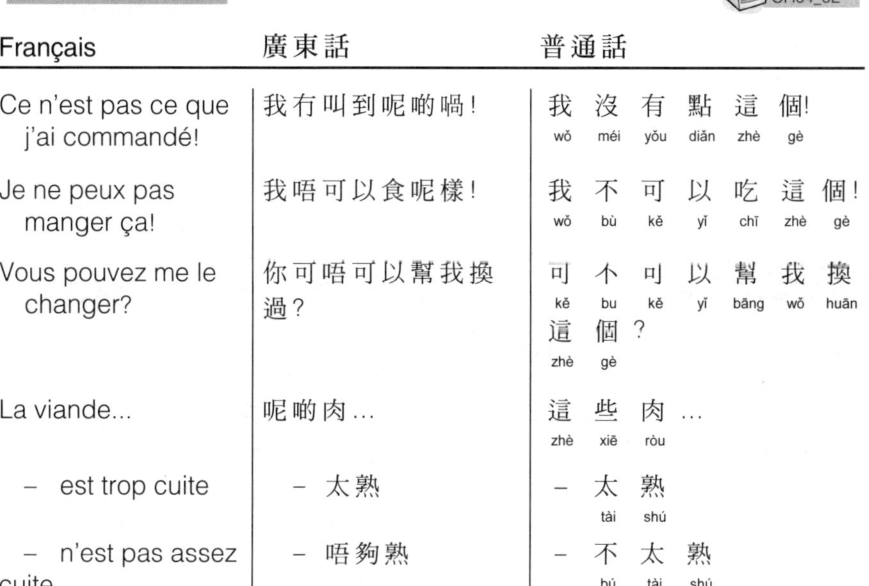

Français	廣東話	普通話
Ce n'est pas ce que j'ai commandé!	我冇叫到呢啲喎!	我沒有點這個! wǒ méi yǒu diǎn zhè gè
Je ne peux pas manger ça!	我唔可以食呢樣!	我不可以吃這個! wǒ bù kě yǐ chī zhè gè
Vous pouvez me le changer?	你可唔可以幫我換過?	可不可以幫我換這個? kě bu kě yǐ bāng wǒ huān zhè gè
La viande...	呢啲肉...	這些肉... zhè xiē ròu
– est trop cuite	– 太熟	– 太熟 tài shú
– n'est pas assez cuite	– 唔夠熟	– 不太熟 bú tài shú

Français	廣東話	普通話
– est trop dure	– 太韌	– 太 韌 tài rèn
C'est trop aigre	呢個太酸	這 個 太 酸 zhè gè tài suān
C'est trop salé	呢個太鹹	這 個 太 鹹 zhè gè tài xián
C'est trop sucré	呢個太甜	這 個 太 甜 zhè gè tài tián
C'est froid	呢個太凍	這 個 太 冷 zhè gè tài lěng
Ce n'est pas frais	呢個都唔凍/唔新鮮	這 個 不 夠 冷/ 不 新 鮮 zhè gè bú gòu lěng bù xīn xiān
C'est rassis	呢個唔新鮮	這 個 不 新 鮮 zhè gè bù xīn xiān
Vous pourriez demander au Maître d'hôtel de venir?	你可唔可以叫大廚嚟？	你 可 不 可 以 請 大 廚 出 來? nǐ kě bu kě yǐ qǐng dà chú chū lái

Payer 畀錢/付款

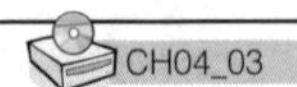

Français	廣東話	普通話
L'addition, s'il vous plaît.	唔該埋單	請 結 帳 qǐng jié zhàng
Le service et compris?	計唔計埋加一？	會 收 加 一 服 務 費 嗎? huì shōu jiā yī fú wù fèi ma

Français	廣東話	普通話
Vous prenez les cartes de crédit?	你哋收唔收信用卡?	你們接受信用卡付款嗎? nǐ men jiē shòu xìn yòng kǎ fù kuǎn ma
Merci, gardez la monnaie!	多謝晒!(找錢)	謝謝!(找錢) xiè xie
C'était excellent, merci beaucoup!	啲嘢好好食，多謝晒!	這些很好吃，謝謝! zhè xiē hěn hǎo chī xiè xie
Nous reviendrons!	我哋會再嚟!	我們會再來! wǒ men huì zài lái

Chez McDonald/Quick 麥當勞/Quick

Français	廣東話	普通話
Bonjour, un menu maxi big mac, comme boisson, un coca et des frites.	你好，一個巨無霸餐加大杯汽水同埋啲薯條	你好，我想要一個巨無霸餐加大汽水和薯條 nǐ hǎo wǒ xiǎng yào yí gè jù wú bà cān jiā dà qì shuǐ hé shǔ tiáo
Sur place ou à emporter?	喺度食定攞走?	堂食還是外賣? tāng shí hái shi wai mai
Volià ça vous fait... euros.	呢啲一共...歐羅	一共...歐元 yí gòng ōu yuán

餐廳

在法國重要的城市，你除了可以在街道的不同角落找到麥當勞(美式快餐)、Quick(法式快餐)、Pomme de Pain 或是 Brioche Dorée 等餐廳外，還有很多方法尋找美食。遊客可選擇不同類型的小食，最著名的有 "jambon-beurre" (牛油火腿三文治)、"panini"、"falafel" (來自土耳其的特色美食)或 "chiche-kebab" (以羊肉或雞肉和薯條作餡料的三文治)。你也可在薄餅店、自助式餐廳(如 FLUNCH 這類)、班戟店、酒吧等享受一些美味而價錢合理的簡餐，其中以薯條牛排(steak-frites)較受歡迎。在法國所有餐廳中，麵包、餐具和以玻璃瓶盛的開水都是免費的，而15%服務費已包括在菜單價格內，不過客人給一點小費(pourboire)也是十分平常的事。如果你是學生，你可以到大學食堂(cantine/Restaurant Universitaire)用膳。有不少的書籍如 *Gault et Millau*、*Guide Hachette*、*Michelin*、*le Petit Renaud* 等能提供更多關於法國的飲食指南。

法國芝士

Camembert——用未經低溫殺菌的牛奶製造，柔滑的芝士表面有一層霉菌。

Boursault——柔滑的芝士，適合與柑橘強烈的味道互相平衡。

Cantal——一種傳統的農村芝士，比較硬身，表皮呈麥黃色至灰色，磨碎了的芝士適合用於湯及調味汁。

Brie de Meaux——用未經低溫殺菌的牛奶製造，在所有軟白芝士中為首，質感軟滑但不太黏。

Crottin de Chèvre——味道溫和，質感軟滑而帶香味，用於在法國甚受歡迎的 Chèvre 沙律中。

Pont L'Evêque——歷史最悠久的諾曼第(Normandy)芝士，鹹辣中帶點甜味。

Fourme d'Ambert——傳統農村藍芝士，小片的霉菌不規則地分佈在芝士中，味道鹹帶鮮果味。

Livarot——可作零食的一種芝士，帶辣味，以未經低溫殺菌的牛奶製成，半柔軟質感。

法國酒釀

選擇酒的時候，千萬不要被「甚麼可以喝，甚麼不可以喝」的想法阻礙你享受你喜歡的酒。不過有兩種原則更能夠令你享受你最喜愛的酒和其配搭的食物：

肉類配紅葡萄酒
紅酒中的丹寧酸(tannins)與肉類中的蛋白質產生作用，讓溫和與味醇的紅酒滲入肉中。

傳統紅酒配搭包括：
燉或烤牛肉配勃艮第紅酒 Pinot Noir
羊肉配波爾多紅酒 Cabernet/Merlot
Steak 牛排配 Vin de Pays Merlot

魚類配酒
味淡的白肉魚類和貝殼類配白葡萄酒，清淡的白酒避免淹沒味淡的魚味。

傳統紅酒配搭包括：
清淡和辣的亞洲食物配 Alsace Pinot Gris
煙三文魚配香檳酒
烤魚配 Vallée de la Loire Blanc (Sancerre, Vouvray)或 Vin de Pays

有些食物卻能配紅酒或白酒：

煙火雞和濃滷汁配勃艮第紅酒 Pinot Noir 或白酒 Chardonnay，或紅酒 Côtes du Rhône。

清淡調味的麵(如新鮮蕃茄汁)配波爾多白酒 Sauvignon Blanc/Sémillon 或博若萊葡萄酒(加美葡萄)或勃艮第紅酒 Pinot Noir

烤雞配帶苦澀味的白酒，例如勃艮第白酒 Chardonnay 或紅酒 Côtes du Rhône。

三文魚或豬肉配勃艮第白酒 Chardonnay 或紅酒

酒的分類

以下是法國主要的釀酒省區：

亞爾薩斯 Alsace
博若萊 Beaujolais
波爾多 Bordeaux
勃艮第 Bourgogne
香檳 Champagne
科西嘉島 Corse
朗格多克–魯西永 Languedoc–Roussillon
盧瓦爾 Vallée de la Loire
普羅旺斯 Provence
隆河 Vallée du Rhône
西南地區 Sud-ouest

在法國，酒可以分為餐酒“Vins de Table”、小產區酒 “Vins de Pays” 和法定產區酒 “Appellation d'Origine Contrôlée” (AOC)。

餐酒“Vins de Table”
法國人日常飲用的酒。混合來自不同生產葡萄酒的省區的葡萄，購買後可即時飲用。在眾多品牌中，餐酒(Vin de Table)經過小心混合來維持品質的穩定。

小產區酒“Vins de Pays”
比餐桌酒更豐富，充滿法國農村浪漫和香氣。國家酒只會用一個省區的葡萄釀製，而且受條例控制生產和品質保證。

法定產區酒“Appellation d'Origine Contrôlée” (AOC)
被認為是品質最佳的酒。每一個釀酒過程都經過嚴格的控製，包括葡萄園的面積大小、生產水平和葡萄種植地方。大部分 AOC 酒都以葡萄出產地為酒名，有可能是省份如波爾多(Bordeaux)和勃艮第(Bourgogne)，或是省中的一個區域，甚至是一個城堡。越獨特的 AOC 酒，受越強限制性的管制，但卻是更有名望。

法式食譜

尼斯沙津 Salade Niçoise (4人份量)

1罐吞拿魚
1小罐法國豆
3個番茄
3隻熟蛋
100克黑橄欖
3個甜椒
1包鯷魚
1個生菜
橄欖油醋汁

1. 把生菜片弄成一個沙津兜狀
2. 壓碎吞拿魚，把吞拿魚鋪在生菜上
3. 加入法國豆
4. 番茄切片，黑橄欖和甜椒切薄片
5. 用已切片的熟蛋和鯷魚裝飾
6. 吃前灑一些橄欖油醋汁，然後攪拌

Transports 交通

En taxi 搭的士/打的

CH05_01

Français	廣東話	普通話
Taxi!	的士!	計 程 車! jì chéng chē
Où allez-vous?	去邊呀?	你 去 哪 兒? nǐ qù nǎr
A l'aéroport, s'il vous plaît.	去機場呀, 唔該	去 機 場 qù jī cháng
A cette adresse	去呢個地址度	去 這 個 地 址 那 裏 qù zhè gè dì zhǐ nà lǐ
Conduisez-moi à cet hôtel	車我去呢間酒店	載 我 去 這 間 酒 店 zài wǒ qù zhè jiān jiǔ diàn
Je voudrais aller dans un quartier commerçant	我想去購物區	我 想 去 購 物 區 wǒ xiǎng qù gòu wù qū
Vous savez où il y a des bars ou des boîtes?	你知唔知邊度有酒吧或者可以飲嘢嘅地方?	你 知 不 知 道 哪 裏 nǐ zhī bu zhì dào nǎ lǐ 有 酒 吧 或 者 可 以 yǒu jiǔ bā huò zhě kě yǐ 坐 下 來 喝 點 東 西 zuò xià lái hē diǎn dōng xī 的 地 方? de dì fāng
Vous pouvez me faire faire un tour de la ville?	你可唔可以兜我遊覽吓呢個城市?	你 可 不 可 以 帶 我 nǐ kě bu kě yǐ dài wǒ 遊 覽 一 下 這 個 城 yóu lǎn yí xià zhè gè chéng 市? shì

Français	廣東話	普通話
Prenez le chemin le plus court/le plus rapide	行條短啲嘅路/快啲嘅路	走那些近的路/快些的路 zǒu nà xiē jìn de lù kuài xiē de lù
A gauche/A droite	轉左/轉右	向左轉/向右轉 xiàng zuó zhuǎn xiàng yòu zhuǎn
Tout droit	直去	直走 zhí zǒu
Attendez-moi ici, s'il vous plaît.	喺呢度等我，唔該	請在這裏等我 qǐng zài zhè lǐ děng wǒ
Je ne peux pas m'arrêter ici	我唔可以喺度停畀你	我不能在這裏停車 wǒ bù néng zài zhè lǐ tíng chē
Arrêtez-vous là!	喺度停啦!	在這裏停下! zài zhè lǐ tíng xià
Ça fait cinquante (50) euros/dollars/yuans	50歐元/蚊/人民幣	50歐元/港元/人民幣 wǔ shí ōu yuán gǎng yuán rén mín bì
Vous pouvez ralentir?	你可唔可以揸慢啲呀?	你可不可以開慢點? nǐ kě bu kě yǐ kāi màn diǎn
Vous pouvez accélérer un peu?	你可唔可以揸快少少呀?	你可不可以開快點? nǐ kě bu kě yǐ kāi kuài diǎn
Je suis en retard	我遲到啦	我快遲到了 wǒ kuài chí dào le
Je suis pressé, j'ai un rendez-vous important.	我趕時間，我有個好重要嘅約會	我很急，我有一個很重要的約會 wǒ hěn jí wǒ yǒu yí gè hěn zhòng yào de yuē huì

En bus 搭巴士/乘巴士

Français	廣東話	普通話
On prend un bus?	我哋搭巴士呀？	我們乘巴士嗎? wǒ men chéng bā shi ma
Où est-ce que je peux prendre le bus numéro…?	我喺邊可以搭到…號巴士？	我在哪裏可以 wǒ zài nǎ lǐ kě yǐ 乘…號巴士? chéng hào bā shi
Excusez-moi, est-ce que ce bus va…?	唔好意思，我想問吓呢架巴士係咪去…？	對不起，請問你這 duì bù qǐ qǐng wèn nǐ zhè 輛巴士是不是 liàng bā shi shì bu shì 去…? qù
– au centre-ville	– 市中心	– 市中心 shì zhōng xīn
– au campus	– 學校	– 學校 xué xiào
Oui, attendez ici.	係呀，喺呢度等啦	是呀，在這裏等 shì ya zài zhè lǐ děng
La destination est indiquée	目的地寫咗喺度	目的地寫在這裏 mù dì dì xiě zài zhè lǐ
À quelle heure est le dernier bus?	最後一班車係幾多點？	最後一班車在何 zuì hòu yì bān chē zài hé 時開出? shí kāi chū
Il faut payer combien?	要畀幾多錢？	車票多少錢？ chē piào duō shǎo qián
Où est-ce que je peux acheter des tickets?	我可以喺邊度買到飛？	我可以在哪裏買 wǒ kě yǐ zài nǎ lǐ mǎi 車票? chē piào

Français	廣東話	普通話
Excusez-moi mais je pense que vous vous êtes trompé!	唔好意思，我諗你有啲誤會	不好意思，我想你有些誤會 bù hǎo yì si wǒ xiǎng nǐ yǒu xiē wù huì
(Au chauffeur) Excusez-moi, vous pouvez me dire où je dois descendre?	(同司機講) 唔好意思，你可唔可以話我知應該喺邊度落車？	(跟司機說) 不好意思，你可不可以告訴我應該在哪裏下車? bù hǎo yì si nǐ kě bù kě yǐ gào sù wǒ yīng gāi zài nǎ lǐ xià chē
Gardez votre ticket pour le contrôleur	要留番張飛畀查飛員檢查	要留下這張車票讓查票員檢查 yào liú xià zhè zhāng chē piào ràng chá piào yuán jiǎn chá
Je n'ai pas de monnaie	我無散紙	我沒有零錢 wǒ méi yǒu líng qián
Vous descendez ici!	你喺呢度落車	你在這裏下車 nǐ zài zhè lǐ xià chē
Vous allez bientôt descendre	你就快落車啦	你快要下車 nǐ kuài yào xià chē
Je voudrais aller à/au/à la...	我想去...	我想去... wǒ xiǎng qù
C'est loin d'ici?	嗰度離呢度遠唔遠㗎？	那裏離這裏遠不遠? nà lǐ lí zhè lǐ yuǎn bù yuǎn
Stop!	停車！	停車! tíng chē
Pourquoi est-ce qu'on s'arrête?	點解我哋係度停嘅？	為甚麼我們在這裏停下來? wèi shén me wǒ men zài zhè lǐ tíng xià lái

Français	廣東話	普通話
Quel est le problème?	有咩問題呀？	有 甚 麼 問 題? yǒu shén me wèn tí
Je peux ouvrir la fenêtre?	我可唔可以開窗？	我 可 不 可 以 開 窗? wǒ kě bu kě yǐ kāi chuāng
Vous pouvez fermer la fenêtre, s'il vous plaît?	唔該你可唔可以閂咗個窗？	對 不 起，你 可 不 可 duì bù qǐ nǐ kě bu kě 以 關 上 那 個 窗? yǐ guān shàng nèi gè chuāng

Louer une voiture 租車

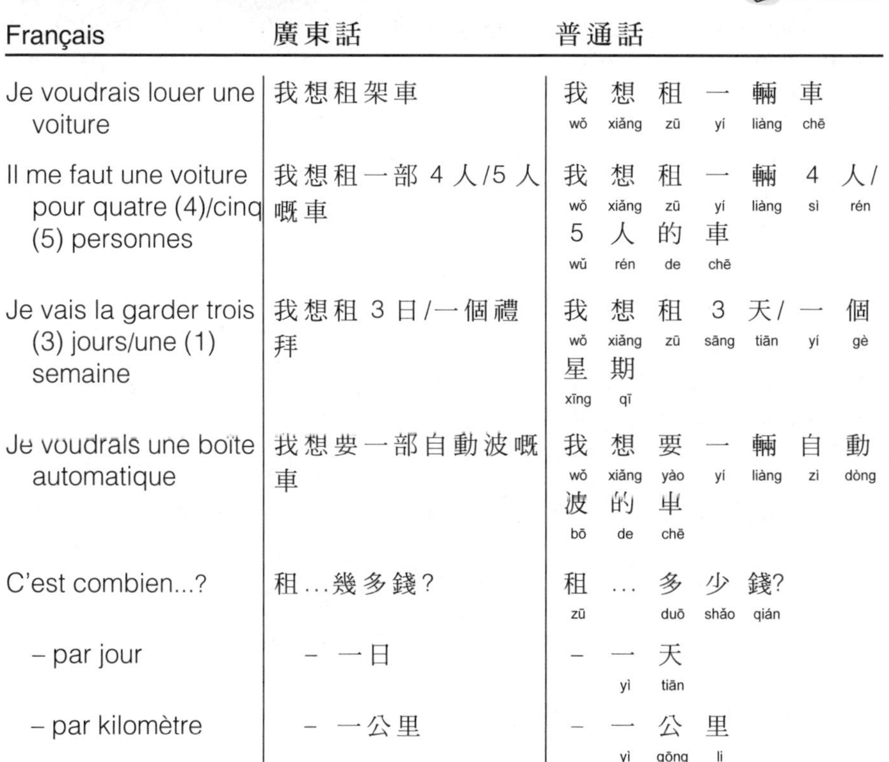

CH05_03

Français	廣東話	普通話
Je voudrais louer une voiture	我想租架車	我 想 租 一 輛 車 wǒ xiǎng zū yí liàng chē
Il me faut une voiture pour quatre (4)/cinq (5) personnes	我想租一部 4 人/5 人嘅車	我 想 租 一 輛 4 人/ wǒ xiǎng zū yí liàng sì rén 5 人 的 車 wǔ rén de chē
Je vais la garder trois (3) jours/une (1) semaine	我想租 3 日/一個禮拜	我 想 租 3 天/ 一 個 wǒ xiǎng zū sāng tiān yí gè 星 期 xīng qī
Je voudrais une boîte automatique	我想要一部自動波嘅車	我 想 要 一 輛 自 動 wǒ xiǎng yào yí liàng zì dòng 波 的 車 bō de chē
C'est combien...?	租...幾多錢？	租 ... 多 少 錢? zū duō shǎo qián
– par jour	– 一日	– 一 天 yì tiān
– par kilomètre	– 一公里	– 一 公 里 yì gōng li

Français	廣東話	普通話
La caution est de combien?	保證金要幾多錢呀？	保 證 金 多 少 錢? bǎo zhèng jīn duō shǎo qián
L'assurance est de combien?	保險要幾多錢呀？	保 險 多 少 錢? bǎo xiǎn duō shǎo qián
Quels sont les documents dont j'ai besoin?	我需要咩文件？	我 需 要 甚 麼 文 件? wǒ xū yào shén me wén jiàn
Vous avez une carte de la région?	你有冇呢個城市嘅地圖？	你 有 這 城 市 的 地 圖 嗎? nǐ yǒu zhè chéng shì de dì tú ma
Où est la station service la plus proche?	請問最近嘅油站喺邊？	請 問 最 近 的 油 站 在 哪 裏? qǐng wèn zuì jìn de yóu zhàn zài nǎ lǐ
Le litre est à combien?	一公升汽油幾多錢？	一 公 升 汽 油 多 少 錢? yì gōng shēng qì yóu duō shǎo qián
Le plein, s'il vous plaît.	入滿佢呀唔該	請 加 滿 油 qǐng jiā mǎn yóu
Gazole, super ou sans plomb 95/98?	超勁，超級定係無鉛汽油 95/98?	超 勁，超 級 還 是 無 鉛 汽 油 95/ 98? chāo jìn chāo jí hái shì wú qiān qì yóu
Vous pouvez vérifier...	你可唔可以檢查吓…	你 可 不 可 以 檢 查 一 下 ... nǐ kě bu kě yǐ jiǎn chá yí xià
– niveau d'eau	– 水箱	– 水 箱 shuǐ xiāng
– le radiateur	– 熱器	– 散 熱 器 sàn rè qì

Français	廣東話	普通話
– le niveau d'huile	– 唔夠油	– 夠 不 夠 油 gòu bu gòu yóu
– la batterie	– 電池	– 電 池 diàn chí
– les freins	– 煞車掣	– 煞 車 shā chē
– le carburateur	– 化油缸	– 化 油 缸 huà yóu gāng
– la clim	– 冷氣機	– 空 調 kōng tiáo
– les pédales	– 腳掣	– 踏 板 tà bǎn
– les vitesses	– 驅動器	– 驅 動 器 qū dòng qì
– le réservoir	– 油箱	– 油 箱 yóu xiāng
– le starter	– 火咀	– 阻 塞 門 zǔ sāi mén
– la roue de secours	– 士啤呔	– 後 備 車 胎 hòu bèi chē tāi

Métro 搭地鐵/乘地鐵

CH05_04

Français	廣東話	普通話
Est-ce qu'il y a un métro à Paris/ Hong Kong/Pékin?	有冇地鐵去巴黎/香港/北京?	有 沒 有 地 鐵 前 往 巴 黎 /香 港 /北 京? yǒu méi yǒu dì tiě qián wǎng bā lí xiāng gǎng běi jīng
Bien sûr!	梗有啦!	當 然 有! dàng rán yǒu
Où se trouve le terminus?	總站喺邊呀?	總 站 在 哪 裏? zǒng zhàn zài nǎ lǐ

Français	廣東話	普通話
Il y a plusieurs lignes. Ce n'est pas très compliqué.	嗰度有幾條線，唔係好複雜嘅	那兒有幾條線，不是太複雜的 nàr yǒu jǐ tiáo xiàn bú shì tài fù zá de
Il est rapide?	快唔快㗎？	是否快的? shì fǒu kuài de
Oh oui!	快呀！	快呀！ kuài ya
Est-ce qu'il faut acheter un ticket ou un jeton?	駛唔駛買飛或者套票？	要不要買車票或者套票? yào bu yào mǎi chē piào huò zhě tào piào
Oui, vous devez acheter un ticket ou une carte (carte Orange/carte Navigo/carte Octopus)	要呀，你要買飛或者卡(Orange 卡/Navigo 卡/八達通卡)	要呀，你要買車票或者卡(Orange 卡/Navigo 卡/八達通卡) yào ya nǐ yào mǎi chē piào huò zhě kǎ kǎ kǎ bā dá tōng kǎ

En bateau 搭船/乘船

Français	廣東話	普通話
Au port/Au quai	喺碼頭	在碼頭 zài mǎ tóu
J'ai envie de monter dans un bateau	我想去搭船	我想乘船 wǒ xiǎng chéng chuán
A quelle heure part le bateau?	架船幾點開㗎？	那船何時開出? nà chuán hé shí kāi chū
Il part de quel quai?	隻船喺邊個碼頭開走？	那船在哪個碼頭開出? nà chuán zài nǎ gè mǎ tóu kāi chū

Français	廣東話	普通話
La mer est forte, n'est-ce pas?	個海好翻，係唔係？	海 浪 很 大，不 是 嗎? hǎi láng hěn dà bú shì ma
J'ai le mal de mer	我暈船浪呀！	我 暈 船 呀！ wǒ yùn chuán ya
Le bateau va s'arrêter où?	隻船喺邊度停？	那 船 在 哪 裏 停 下? nà chuán zài nǎ lǐ tíng xià
A Paris, vous pouvez prendre un batobus.	喺巴黎，你可以搭 batobus (遊覽船)	在 巴 黎，你 可 以 乘 zài bā lí nǐ kě yǐ chéng batobus (遊覽船) yóu lǎn chuán
Bon voyage!	路途愉快！	旅 途 愉 快! lǚ tú yú kuài

En avion 搭飛機/乘飛機

CH05_06

Français	廣東話	普通話
Excusez-moi, je cherche le comptoir Air France/Cathay Pacific/China Airlines.	唔好意思，我想搵法國航空/國泰航空/中國航空個櫃位	對 不 起，我 想 找 法 duì bù quǐ wǒ xiǎng zhǎo fǎ 國 航 空/ 國 泰 航 空/ guó háng kōng guó tài háng kōng 中 國 航 空 的 櫃 枱 zhōng guó háng kōng de guì tái
J'ai perdu mon billet!	我唔見咗張機票！	我 丟 了 我 的 機 票！ wǒ diū le wǒ de jī piào
Je voudrais faire une réservation pour le vol	我想喺呢班機訂一個位	我 想 在 這 班 航 班 wǒ xiǎng zài zhè bān háng bān 訂 一 個 位 dìng yí gè wèi
J'ai raté mon avion	我趕唔切搭嗰班機	我 趕 不 上 這 班 航 wǒ gǎn bú shàng zhè bān háng 班 bān

Français	廣東話	普通話
Quand part le prochain vol pour...?	下一班去...嘅機幾時飛呀？	下 一 班 往 ... 的 航 班 幾 時 起 飛? xià yì bān wǎng ... de háng bān jǐ shí qǐ fēi
Je voudrais annuler mon vol pour...	我想取消我去...嘅機位	我 想 取 消 我 往 ... 航 班 的 機 位 wǒ xiǎng qǔ xiāo wǒ wǎng ... háng bān de jī wèi
Je voudrais changer la date/l'heure de mon vol...?	我想改我班機個日期/時間	我 想 更 改 我 航 班 的 日 期/ 時 間 wǒ xiǎng gēng gǎi wǒ háng bān de rì qī/ shí jiān
Je voudrais partir trois jours plus tôt	我想早三日飛	我 想 早 三 天 離 開 wǒ xiǎng zǎo sān tiān lí kāi
Je voudrais partir une semaine plus tôt	我想早一個禮拜飛	我 想 早 一 星 期 離 開 wǒ xiǎng zǎo yì xīng qī lí kāi
Je voudrais changer la destination	我想改目的地	我 想 更 改 目 的 地 wǒ xiǎng gēng gǎi mù dì dì
Je voudrais un billet en classe économique/en première classe	我想要一張經濟客位嘅機票/頭等機票	我 想 要 一 張 經 濟 倉 的 機 票/ 頭 等 機 票 wǒ xiǎng yào yì zhāng jīng jì cāng de jī piào/ tóu děng jī piào
A quelle heure est-ce que je dois être à l'aéroport?	我要幾多點到機場？	我 需 要 何 時 到 機 場? wǒ xū yào hé shí dào jī chǎng
Est-ce que je dois re-confirmer mon vol?	我駛唔駛再確定我個機位？	我 需 要 再 確 認 我 的 航 班 嗎? wǒ xū yào zài què rèn wǒ de háng bān ma

En train 搭火車/乘火車

CH05_07

Français	廣東話	普通話
Je voudrais un billet pour Marseille	我想要一張去馬賽嘅飛	我 想 要 一 張 去 馬 賽 的 火 車 票 wǒ xiǎng yào yì zhāng qù mǎ sài de huǒ chē piào
Aller simple/ Aller-Rétour	單程/來回	單 程/ 往 返 dān chéng wǎng fǎn
En première/En seconde	頭等/二等	頭 等/ 二 等 tóu děng èr děng
Fumeur/Non-Fumeur	吸煙區/非吸煙區	吸 煙 區/ 無 煙 區 xī yān qū wú yān qū
SNCF (www.sncf.fr)	法國鐵路公司	法 國 國 營 鐵 路 公 司 fǎ guó guó yíng tiě lù gōng sī
TGV (Train à Grande Vitesse)	高速火車	高 速 火 車 gāo sù huǒ chē
Horaires	行車時間表	行 車 時 間 表 xíng chē shí jiàn biǎo
Départs/Arrivées	出發/抵達	出 發/ 抵 達 chū fā dǐ dá
Réservation obligatoire	必須預定	必 須 預 定 bì xū yù dìng
Carte de réduction	優惠卡	優 惠 卡 yōu huì kǎ
Abonnement	預訂費	預 訂 費 yù dìng fèi
Voiture bar (wagon restaurant)	餐車 (火車上提供餐飲服務)	餐 車 (火車上餐飲服務) cān chē
Billet échangeable et remboursable	可退款車票	可 退 款 車 票 kě tuì kuǎn chē piào

Français	廣東話	普通話
Plein tarif	全費	全 程 費 用 quán chéng fèi yòng

Les magasins et services 店舖及各種服務

Achats 購物

CH06_01

Français	廣東話	普通話
Entrée	入口	入 口 rù kǒu
Sortie	出口	出 口 chū kǒu
Sortie de secours	緊急出口	緊 急 出 口 jǐn jí chū kǒu
Guichet de vérification des cartes de crédit	用信用卡畀錢嘅櫃枱	可 以 使 用 信 用 卡 kě yǐ shǐ yòng xìn yòng kǎ 付 款 的 櫃 枱 fù kuǎn de guì tái
Service après-vente	售後服務	售 後 服 務 shòu hòu fú wù
Soldes	大減價	大 甩 賣 dà shuǎi mài
Remise/Réduction	折扣	折 扣 zhé kòu
Où?	喺邊?	在 哪 兒? zài nǎr
Où est-ce qu'il y a un bon...?	邊度有好嘅...?	哪 兒 有 好 的 ...? nǎr yóu hǎo de
Où est-ce que je peux trouver...?	我可以喺邊度搵到...?	我 可 以 在 哪 裏 找 wǒ kě yǐ zài nǎ lǐ zhǎo 到 ...? dào

Français	廣東話	普通話
Où se trouve le Centre commercial?	邊度有商業中心?	哪 裏 有 商 業 中 心? nǎ lǐ yǒu shāng yè zhōng xīn
C'est loin d'ici?	離呢度好遠㗎?	離 這 兒 很 遠 嗎? lí zhèr hěn yuǎn ma
Comment dois-je faire pour y aller?	我點先可以去到嗰度?	我 怎 樣 才 能 到 那 兒? wǒ zěn yàng cái néng dào nàr

Service client 客戶服務

CH06_02

Français	廣東話	普通話
Vous pouvez m'aider?	你可唔可以幫我?	你 可 不 可 以 幫 我? nǐ kě bu kě yǐ bāng wǒ
Je jette juste un petit coup d'œil	我睇吓先	先 讓 我 看 看 xiān ràng wǒ kàn kàn
Vous avez...?	你有冇...?	你 有 沒 有 ...? nǐ yǒu méi yǒu
Je voudrais acheter...	我想買...	我 想 買 ... wǒ xiǎng mǎi
Excusez-moi, je cherche le rayon...	唔好意思，我想搵...	對 不 起，我 想 找 ... duì bù qǐ wǒ xiǎng zhǎo
Où est l'ascenseur?/ l'escalator?	邊度有𨋢/扶手電梯?	哪 裏 有 升 降 機 /電 梯? nǎ lǐ yǒu shēng jiàng jī diàn tī
Vous pouvez me montrer...?	你可唔可以畀...我睇吓?	你 可 不 可 以 給 ... 我 看 看? nǐ kě bu kě yǐ gěi wǒ kàn kàn
– celui-là/celle-là	– 嗰件	– 那 件 nà jiàn

Français	廣東話	普通話
– ceux-là/celles-là	– 嗰幾件	– 那 幾 件 nà jǐ jiàn
– celui-ci/celle-ci	– 呢件	– 這 件 zhè jiàn
– ceux-ci/celles ci	– 呢幾件	– 這 幾 件 zhè jǐ jiàn
– Celui/Celle dans la vitrine	– 櫥窗嗰件	– 放 在 櫥 窗 那 件 fàng zài chú chuāng nà jiàn
J'en voudrais un/une qui soit...	我想搵一件...	我 想 找 ... wǒ xiǎng zhǎo
– grand/grande	– 大嘅	– 大 一 點 的 dà yì diǎn de
– bon marché	– 平嘅	– 便 宜 一 點 的 pián yi yì diǎn de
– sombre	– 沉色嘅	– 顏 色 深 一 點 的 yán sè shēn yì diǎn de
Je ne veux pas quelque chose de trop cher	我唔想要太貴嘅嘢	我 不 想 要 太 貴 的 wǒ bù xiǎng yào tài guì de 東 西 dōng xī
Je voudrais ce que vous avez de plus cher	我想要件貴啲嘅	我 想 要 貴 一 點 的 wǒ xiǎng yào guì yì diǎn de 東 西 dōng xī
Vous pouvez me montrer des échantillons?	你有冇樣板畀我睇吓?	你 有 沒 有 樣 板 給 nǐ yǒu méi yǒu yàng bǎn gěi 我 看 看? wǒ kàn kàn
Vous avez quelque chose de...?	你有冇啲係...?	你 有 沒 有 一 些 東 nǐ yǒu méi yǒu yì xiē dōng 西 是 ...? xī shì
– moins cher	– 冇咁貴	– 不 太 貴 bú tài guì

Français	廣東話	普通話
– plus grand	– 大啲	– 大 些 dà xiē
– plus petit	– 細啲	– 小 些 xiǎo xiē
C'est combien?	幾多錢？	多 少 錢? duō shǎo qián
Je ne comprends pas	我唔明白	我 不 明 白 wǒ bù míng bái
Vous pouvez l'écrire?	你可唔可以寫低？	你 可 不 可 以 寫 下 來? nǐ kě bu kě yǐ xiě xià lái
Je ne veux pas dépenser plus de... euros/dollars/yuans	我唔想用多過... 歐元/蚊/人民幣	我 不 想 用 多 於 ... wǒ bù xiǎng yòng duō yú 歐 元/ 港 元/ 人 民 幣 ōu yuán gǎng yuán rén mín bì
Ce n'est pas exactement ce que je recherche	呢個唔係我想搵嘅	這 個 不 是 我 想 找 的 zhè gè bú shì wǒ xiǎng zhǎo de
Je n'aime pas beaucoup	我唔係幾鍾意	我 不 是 太 喜 歡 wǒ bú shì tài xǐ huān
Je le/la prends	我要呢個	我 要 這 個 wǒ yào zhè gè
Vous pouvez le/la commander pour moi?	你可唔可以幫我訂呢個？	你 可 不 可 以 替 我 預 訂 這 個? nǐ kě bu kě yǐ tì wǒ yù dìng zhè gè
Ça va prendre combien de temps?	要等幾耐？	要 等 多 久? yào děng duō jiǔ

Couleurs 顏色

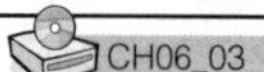

Français	廣東話	普通話
argent	銀色	銀 色 yín sè
bleu	藍色	藍 色 lán sè
rouge	紅色	紅 色 hóng sè
vert	綠色	綠 色 lǜ sè
jaune	黃色	黃 色 huáng sè
brun	啡色	啡 色 fēi sè
noir	黑色	黑 色 hēi sè
doré	金色	金 色 jīn sè
blanc	白色	白 色 bái sè
orange	橙色	橙 色 chéng sè
violet	紫色	紫 色 zǐ sè
rose	粉紅色	粉 紅 色 fěn hóng sè
beige	肉色	肉 色 ròu sè
gris	灰色	灰 色 huī sè

Payer 畀錢/付款

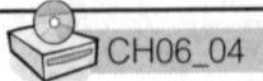

Français	廣東話	普通話
Ça vous fait... euros/dollars/yuans	總共...(幾多錢) 歐元/蚊/人民幣	一共 ... 歐元/港元/人民幣 yí gòng ōu yuán gǎng yuán rén mín bì
La caisse est là-bas	收銀處喺嗰邊	在收銀處那邊 zài shōu yin chù na biān
Excusez-moi mais je dois payer où?	唔好意思，我可以喺邊度畀錢?	不好意思，我可以在哪兒付款? bù hǎo yì si, wǒ kě yǐ zài nǎr fù kuǎn
Est-ce que je peux payer par carte de crédit?	可唔可以用信用卡?	可不可以使用信用卡? kě bu kě yǐ shǐ yòng xìn yòng kǎ
Je crois que vous avez fait une erreur de calcul	我諗你計錯數	我想你弄錯了價錢 wǒ xiǎng nǐ nòng cuò le jià qián
Vous désirez autre chose?	你仲有冇其他嘢想要?	你還需不需要其他東西? nǐ hái xū bu xū yào qí tā dōng xi
Non, rien d'autre, merci!	冇其他嘢想要啦，唔該!	沒有了，謝謝! méi yǒu le, xiè xie
Oui, je voudrais...	有，我仲想要...	有，我還想要... yǒu, wǒ hái xiǎng yào
Vous pouvez me montrer...	你可唔可以拎...畀我?	你可不可以拿...給我? nǐ kě bu kě yǐ ná gěi wǒ

Français	廣東話	普通話
Vous pouvez me l'emballer?	可唔可以幫我包起佢？	可 kě 不 bu 可 kě 以 yǐ 替 tì 我 wǒ 把 bǎ 這 zhè 包 bào 裝 zhuāng 一 yí 下? xià
Vous pouvez me faire un paquet-cadeau?	可唔可以包靚佢？	可 kě 不 bu 可 kě 以 yǐ 把 bǎ 它 tā 包 bāo 裝 zhuāng 得 de 美 měi 觀 guān 一 yì 點? diǎn
Je pourrais avoir un sac s'il vous plaît?	唔該畀個袋我？	請 qǐng 給 gěi 我 wǒ 一 yí 個 gè 袋? dài
Vous pouvez me l'échanger?	可唔可以幫我換過？	可 kě 不 bu 可 kě 以 yǐ 替 tì 我 wǒ 更 gèng 換? huàn
Je voudrais retourner ceci	我想退咗佢	我 wǒ 需 xū 要 yào 退 tuì 貨 huò
Je voudrais être remboursé (ée)	我想退番錢	我 wǒ 想 xiǎng 退 tuì 款 kuǎn
Voici votre reçu	呢張係你嘅收據	這 zhè 張 zhāng 是 shì 你 nǐ 的 de 收 shōu 條 tiáo
Je suis désolé (ée) mais j'ai perdu le reçu	唔好意思，我唔見咗張收據	不 bù 好 hǎo 意 yì 思, si 我 wǒ 丟 diū 了 le 我 wǒ 的 de 收 shōu 條 tiáo

Au supermarché 喺超級市場/在超級市場

CH06_05

Français	廣東話	普通話
Un chariot	手推車	手 shǒu 推 tuī 車 chē
Un panier	袋	袋 dài

Français	廣東話	普通話
La caisse/un caissier (m)/une caissière (f)	收銀機/收銀員	收 銀 機/ 收 銀 員 shōu yín jī shōu yín yuán
Excusez-moi, je voudrais un petit renseignement	唔好意思，我想問啲嘢	不 好 意 思，我 想 請 教 些 事 情 bù hǎo yì si wǒ xiǎng qǐng jiào xiē shì qíng
Où est ce que je peux trouver...?	邊度有 ...?	我 在 哪 裏 可 以 找 到 ...? wǒ zài nǎ lǐ kě yǐ zhǎo dào
– des biscuits	– 餅乾	– 餅 乾 bǐng gān
– du pain	– 麵包	– 麵 包 miàn bāo
– du beurre	– 牛油	– 牛 油 niú yóu
– du fromage	– 芝士	– 芝 士 zhī shì
– du riz	– 米	– 米 mǐ
– du sel	– 鹽	– 鹽 yán
– de la sauce de soja	– 醬油	– 醬 油 jiàng yóu
– du sucre	– 糖(調味用，粵音第四聲)	– 糖 (調味用) táng
– des bonbons	– 糖(零食，粵音第二聲)	– 糖 (零食) táng
– du thé	– 茶	– 茶 chá
– des légumes en boîte	– 蔬菜包	– 蔬 菜 包 shū cài bāo
– du chocolat	– 朱古力	– 巧 克 力 qiǎo kè lì

Français	廣東話	普通話
– du café	– 咖啡	– 咖啡 kà fēi
– de l'huile	– 油	– 油 yóu
– de l'huile de maïs	– 粟米油	– 粟米油 sù mǐ yóu
– du poisson frais	– 鮮魚	– 鮮魚 xiān yú
– des oeufs de poulet/de canard	– 雞/鴨蛋	– 雞/鴨蛋 jī yā dàn
– des surgelés	– 冰凍食物	– 冰凍食物 bīng dòng shì wù
– des fruits	– 生果	– 水果 shuǐ guǒ
– des jus de fruits	– 果汁	– 果汁 guǒ zhī
– de la confiture	– 果醬	– 果醬 guǒ jiàng
– de la viande	– 肉	– 肉 ròu
– du lait	– 奶	– 奶 nǎi
– des nouilles	– 麵	– 麵 miàn
– des légumes	– 蔬菜	– 蔬菜 shū cài
– du vinaigre	– 醋	– 醋 cù
– du vin	– 酒	– 酒 jiǔ
– des yaourts	– 乳酪	– 乳酪 rǔ lào
– des biscottes	– 乾麵包片	– 乾麵包片 gān miàn bāo piàn

Lavomatique/pressing 洗衣店

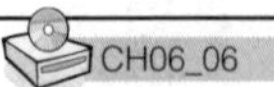

Français	廣東話	普通話
Où se trouve le lavomatique/le pressing le plus proche?	最近邊度有洗衣舖?	最近哪裏有洗衣店? zuì jìn nǎ lǐ yǒu xǐ yī diàn
Je voudrais ces vêtements...	我想…呢啲衫	我想…這些衣服 wǒ xiǎng … zhè xiē yī fú
– en "nettoyage à sec"	– 乾洗	– 乾洗 gān xǐ
– repassés	– 燙	– 燙 tàng
– lavés	– 濕洗	– 濕洗 shī xǐ
Ce sera prêt quand?	幾時攞得?	在何時我可以拿回? zài hé shí wǒ kě yǐ ná huí
J'en ai besoin...	我想…要	我希望…拿回 wǒ xī wàng … ná huí
– aujourd'hui	– 今日	– 今天 jīn tiān
– ce soir	– 今晚	– 今天晚上 jīn tiān wǎn shàng
– demain	– 聽日	– 明天 míng tiān
– avant vendredi	– 星期五前	– 星期五前 xīng qī wǔ qián
Vous pouvez me... ça?	你可唔可以幫我…呀?	可不可以替我…? kě bu kě yǐ tì wǒ
– raccomoder	– 整番好	– 把它修理好 bǎ tā xiū lǐ hǎo
– repriser	– 補番好	– 修補 xiū bǔ

Français	廣東話	普通話
Vous pouvez me recoudre ce bouton?	你可唔可以幫我釘番粒鈕?	你 可 不 可 以 幫 我 把 鈕 扣 釘 上? nǐ kě bu kě yǐ bāng wǒ bǎ niǔ kòu dìng shàng
Ceci n'est pas à moi	呢件唔係我嘅	這 不 是 我 的 zhè bú shì wǒ de
Il manque une pièce	少咗一件	少 了 一 件 shǎo le yí jiàn
Il y a un trou!	呢度有個窿!	這 裏 有 個 洞! zhè lǐ yǒu ge dòng
Mes vêtements sont-ils prêts?	我啲衫得未?	我 的 衣 服 可 以 拿 回 沒 有? wǒ de yī fú kě yǐ ná huí méi yǒu

Chez le coiffeur 理髮店

Français	廣東話	普通話
Je ne parle pas bien français/cantonais/mandarin	我唔係好識講法文/廣東話/普通話	我 不 能 說 流 利 的 法 文/ 廣 東 話/ 普 通 話 wǒ bù néng shuō liú lì de fǎ wén guǎng dōng huà pǔ tōng huà
Je suis pressé	我趕時間	我 十 分 着 急 wǒ shí fèn zhāo jí
Coupe et shampooing?	剪頭髮同洗頭?	剪 頭 髮 還 有 洗 頭? jiǎn tóu fà hái yǒu xǐ tóu
Vous avez un catalogue/ un magazine?	你哋有冇雜誌?	你 們 有 沒 有 雜 誌? nǐ men yǒu méi yǒu zá zhì
Je voudrais une coupe	我想剪頭髮	我 想 剪 頭 髮 wǒ xiǎng jiǎn tóu fà

Français	廣東話	普通話
Je voudrais juste me faire coiffer	我淨係想剪頭髮	我 只 想 剪 頭 髮 wǒ zhǐ xiǎng jiǎn tóu fà
Ne coupez pas trop court, s'il vous plait.	唔好剪咁短，唔該	請 不 要 剪 太 短 qǐng bú yào jiǎn tài duǎn
Les ciseaux seulement	淨係用較剪	只 用 剪 刀 zhǐ yòng jiǎn dāo
Je voudrais changer la couleur de mes cheveux	我想染髮	我 想 染 髮 wǒ xiǎng rǎn fà
Quelle couleur préférez-vous?	你想染乜嘢顏色？	你 想 染 甚 麼 顏 色? nǐ xiǎng rǎn shèn me yán sè
Vous pouvez me montrer?	有冇板畀我睇吓？	你 有 沒 有 樣 本 給 我 看 看? nǐ yǒu méi yǒu yàng běn gěi wǒ kàn kàn
Une coupe à la tondeuse	鏟青	鏟 青 chǎn qīng
Un peu plus court ici, s'il vous plaît.	呢度再剪短少少，唔該	請 在 這 兒 再 剪 短 一 些 qǐng zài zhèr zài jiǎn duǎn yì xiē
Vous désirez du gel?	你要唔要落啲 gel?	你 要 用 定 型 髮 膠 嗎? nǐ yào yòng dìng xíng fà jiāo ma
Merci	唔該晒	謝 謝 xiè xie
C'est parfait	剪得好好	十 分 好 shí fèn hǎo
C'est combien?	幾多錢呀？	多 少 錢？ duō shǎo qián

理髮

男士	
剪髮	19歐元起
女士	
剪髮+吹髮	32歐元起
染髮+洗髮+剪髮+吹髮	26歐元起
燙髮+洗髮+剪髮+吹髮	36歐元起
曲髮+洗髮+剪髮+吹髮	46歐元起

Au salon de beauté 美容院

Français	廣東話	普通話
Est-ce qu'il y a un salon de beauté près d'ici?	呢度附近有冇美容院呀?	這裏附近有沒有美容院? zhè lǐ fù jìn yǒu méi yǒu měi róng yuàn
Est-ce que je peux prendre rendez-vous pour cet après-midi?	我可唔可以約今日下晝?	我可不可以預約今天下午? wǒ kě bu kě yǐ yù yūe jīn tiān xià wǔ
Qu'est-ce que vous proposez?	你有乜嘢建議?	你有甚麼建議? nǐ yǒu shén me jiàn yì
Massage du corps/ du visage	按摩/做facial	按摩/面部護理 àn mó miàn bù hù lǐ
Manucure/Pédicure	修手甲/腳甲	修理手甲/腳甲 xiū lǐ shǒu jiǎ jiǎo jiǎ

日常生活消費價格

在法國，貨品的價錢是自由浮動的，但一定要清楚標明價錢。此外，貨品的價錢也隨着不同品牌和不同地方的價格而有很大的分別。一般來說，這裏列出的省內日常生活消費價格並非官方，只作參考。

衛生用品	歐元	
牙膏 (250 毫升)	1,44	起
肥皂 (125 克)	0,53	起
洗頭水 (400 毫升)	2,16	起
清潔劑 (1 公斤)	3,28	起
衛生棉條 (20 條裝)	2,94	起
避孕套 (12 個裝)	2,50–6,00	

消遣或遊覽	歐元	
電影 (戲票)	5,00–9,00	
名勝古跡博物館參觀許可證		
1 天	15,00	
3 天	30,00	
5 天	45,00	
乘搭塞納河觀光船		
成人	7,00	起
小童 (12 歲以下)	3,00	起

日常生活消費價格(續)

住宿	歐元	
1 星級酒店	25,97	左右
2 星級酒店	58,56	左右
3 星級酒店	85,00	左右
4 星級酒店	175,94	左右

其他	歐元	
郵票(一般法國和歐洲郵費)	0,46	起
明信片	0,76	起
電話卡(50 單位)	7,40	起
電話卡(120 單位)	14,75	起
香煙	3,50	起

食物	歐元	
牛油(250 克)	1,28	起
Camembert 芝士	1,78	起
牛奶(1 公升)	0,80	起
純乳酪(4 杯)	0,64	起
咖啡(250 克)	0,91–2,51	
茶(25 包)	1,46	起
黑/白朱古力(100 克)	0,87	起
果醬(400 克)	0,80–1,25	
麵粉(1 公斤)	0,75	起
砂糖(1 公斤)	1,40	起
向日葵油(1 公升)	1,17	起
麵條(500 克)	0,86	起
米(1 公斤)	0,76–3,00	
雞蛋(6 隻)	1,44	起
熟火腿(1 公斤)	10,00	起
牛肉(1 公斤)	12,35	起
豬肉(1 公斤)	7,50	起
香蕉(1 公斤)	2,00	起
梨(1 公斤)	2,27	起

日常生活消費價格(續)

食物	歐元	
蘋果(1公斤)	2,70	起
橙(1公斤)	2,00	起
蘿蔔(1公斤)	1,44	起
薯仔(1公斤)	1,20	起
沙律(一份)	1,49	起
番茄(1公斤)	2,27	起
啤酒(6x25毫升)	2,40–4,10	
可口可樂(6x33毫升)	2,30	起
礦泉水(1.5公升)	0,15–0,79	
橙汁(1公升)	0,53–2,25	
酒(75毫升)	2,00–4,00	
酒(AOC)(75毫升)	4,00	起

Célèbres Marques françaises 法國品牌

Agnès B	Kookaï
Avène	Le Coq Sportif
Biotherm	L'Occitane
Céline	Louis Vuitton
Chanel	LVMH
Christian Dior	Hennessy
Claude Montana	Nina Ricci
Givenchy	Yves Saint-Laurent
L'Oréal	Guerlain
Hermès	Lancôme

Multimédia 數碼產品

Français	廣東話	普通話
Appareil photo numérique	數碼相機	數 碼 相 機 shù mǎ xiàng jī
Lecteur Minidisc	MD 機	MD 播 放 器/ bō fàng qì MD 隨 身 聽 suí shēn tīng
Lecteur MP3	MP3 機	MP3 播 放 器/ bō fàng qì MP3 隨 身 聽 suí shēn tīng
Baladeur CD	CD Walkman/CD 機	CD 播 放 器/ bō fàng qì CD 隨 身 聽 suí shēn tīng
Téléviseur LCD	LCD 電視	LCD 平 板 電 視 ping bǎn diàn shì
Lecteur DVD	DVD 機	DVD 播 放 器 bō fàng qì
Carte Mémoire	記憶卡	記 憶 卡 jì yì kǎ
PDA, Organiseur	PDA 電子手帳	PDA 掌 上 電 腦 zhǎng shàng diàn nǎo
Ordinateur PC/Mac	個人電腦/Mac 機 (蘋果電腦)	個 人 電 腦/ 蘋 果 電 腦 gè rén diàn nǎo píng guǒ diàn nǎo
Ordinateur Portable	Notebook/手提電腦	筆 記 本 電 腦 bǐ jì běn diàn nǎo
Tablet PC	平板電腦	平 板 電 腦 píng bǎn diàn nǎo

Soins médicaux
醫療服務

A la pharmacie 藥房

Français	廣東話	普通話
Je voudrais quelque chose contre...	我想要啲藥醫…	我 想 要 一 些 藥 品 來 治 … wǒ xiǎng yào yì xiē yào pǐn lái zhì
– le rhume	– 傷風	– 傷 寒 shāng hán
– la toux	– 咳	– 咳 嗽 ké soù
– les coups de soleil	– 太陽曬傷	– 太 陽 灼 傷 tài yáng zhuó shāng
– les vertiges/les nausées	– 頭暈	– 頭 暈 tóu yūn
– le mal du voyage/ le mal au cœur	– 暈車浪	– 暈 車 yūn chē
– les maux d'estomac	– 胃病	– 胃 病 wèi bìng
Est-ce que je peux avoir ce médicament sans ordonnance?	呢隻藥要唔要醫生批准先用得?	這 種 藥 是 不 是 要 醫 生 批 准 才 能 用? zhè zhǒng yào shì bu shì yào yī shēng pī zhǔn cái néng yòng
Je voudrais...	我想要…	我 想 要 … wǒ xiǎng yào
– de l'alcool	– 酒精	– 酒 精 jiǔ jīng
– de l'aspirine	– 阿士匹靈	– 阿 斯 匹 林 ā sī pǐ lín
– du coton	– 棉花	– 棉 花 mián huā

Français	廣東話	普通話
– du sirop contre la toux	– 止咳水	– 止 咳 水 zhǐ ké shuǐ
– de l'eau oxygénée	– 雙氧水	– 雙 氧 水 shuāng yáng shuǐ
– du désinfectant	– 消毒藥水	– 消 毒 藥 水 xiāo dú yào shuǐ
– des gouttes pour les oreilles	– 耳藥水	– 耳 藥 水 ěr yào shuǐ
– des gouttes pour les yeux	– 眼藥水	– 眼 藥 水 yǎn yào shuǐ
– un laxatif	– 瀉藥	– 瀉 藥 xiè yào
– des serviettes hygiéniques	– 消毒毛巾	– 消 毒 毛 巾 xiāo dú máo jīn
– un sédatif	– 鎮靜劑	– 鎮 靜 劑 zhèn jìng jì
– des somnifères	– 安眠藥	– 安 眠 藥 ān mián yào
– des pastilles pour la gorge	– 喉糖	– 喉 糖 hóu táng

Chez le docteur 睇醫生/看醫生

Français	廣東話	普通話
Vous pouvez m'appeler un docteur?	可唔可以幫我搵醫生?	可 不 可 以 給 我 找 個 醫 生? kě bu kě yǐ gěi wǒ zhǎo gè yī shēng
Est-ce qu'il y a un docteur ici?	呢度有冇醫生?	這 裏 有 沒 有 醫 生? zhè lǐ yǒu méi yǒu yī shēng
J'ai besoin d'un docteur rapidement	唔該快啲搵醫生嚟	請 快 點 找 醫 生 來 qǐng kuài diǎn zhǎo yī shēng lái

Français	廣東話	普通話
Où est le cabinet médical?	邊度有醫務所？	哪 裏 有 診 所? nǎ lǐ yǒu zhén suǒ
A quelle heure sont les consultations?	幾點開始睇症？	甚 麼 時 候 開 診? shén me shí hòu kāi zhěn
Est-ce que le docteur fait des visites à domicile?	啲醫生會唔會出外睇症？	醫 生 會 不 會 外 出 聽 診? yī shēng huì bu huì wài chū tīng zhěn
Le médecin vient à quelle heure?	醫生幾點嚟呀？	醫 生 甚 麼 時 候 回 來 呀? yī shēng shén me shí hòu huí lái ya
Vous pouvez me recommander...	可唔可以幫我搵個…	可 不 可 以 幫 我 找 個 … kě bu kě yǐ bāng wǒ zhǎo gè
– un médecin généraliste/un généraliste	– 普通科醫生	– 普 通 科 醫 生 pǔ tōng kē yī shēng
– un pédiatre	– 兒科醫生	– 兒 科 醫 生 ér kē yī shēng
– un ophtalmologue/un ophtalmo	– 眼科醫生	– 眼 科 醫 生 yǎn kē yī shēng
– un gynécologue/un gynéco	– 婦科醫生	– 婦 科 醫 生 fù kē yī shēng
– un otho-rhino-laryngologiste/un otho-rhino	– 耳鼻喉科醫生	– 耳 鼻 喉 科 醫 生 ěr bí hóu kē yī shēng
– un kinésithérapeute/un kiné	– 物理治療師	– 物 理 治 療 師 wù lǐ zhì liáo shī
– un rhumatologue	– 風濕科醫生	– 風 濕 科 醫 生 fēng shī kē yī shēng

Français	廣東話	普通話
Je pourrais avoir un rendez-vous...	我可唔可以約...	我 可 不 可 以 預 約 wǒ kě bu kě yǐ yù yuē
– demain/le plus tôt possible?	– 聽日/越早越好?	– 明 天/ 越 早 越 好? míng tīan yùe zǎo yùe hǎo

Le corps humain 身體各部份

CH07_03

Français	廣東話	普通話
l'abdomen	腹部	腹 部 fù bù
l'appendice	腸	腸 cháng
les artères	血管	血 管 xuè guǎn
le bras	臂	臂 bì
la bouche	口	口 kǒu
les cheveux	頭髮	頭 髮 tóu fà
le coeur	心臟	心 臟 xīn zàng
les côtes	肋骨	肋 骨 lèi gǔ
le cou	頸	頸 jǐng
le coude	手肘	手 肘 shǒu zhǒu
les cuisses	大髀	大 腿 dà tuǐ
les dents	牙	牙 齒 yá chǐ
les doigts	手指	手 指 shǒu zhǐ

Français	廣東話	普通話
le dos	背脊	背 脊 bèi jǐ
les épaules	膊頭	肩 膀 jiān bǎng
l'estomac	胃	胃 wèi
le foie	肝	肝 gān
le genou	膝頭	膝 蓋 xī gài
les hanches	臀部	臀 部 tún bù
les jambes	腳	腳 jiǎo
la langue	脷	舌 頭 shé tóu
les lèvres	唇	唇 chún
la mâchoire	顎	顎 è
les muscles	肌肉	肌 肉 jī ròu
les nerfs	神經線	神 經 線 shén jīng xiàn
le nez	鼻	鼻 bí
les oreilles	耳	耳 ěr
les orteils	腳趾	腳 趾 jiǎo zhǐ
les os	骨頭	骨 頭 gǔ tóu
les pieds	腳板	腳 板 jiǎo bǎn

Français	廣東話	普通話
la poitrine	胸口	胸 口 xiōng kǒu
les poumons	肺	肺 fèi
le sang	血	血 xuè
les seins	乳房	乳 房 rǔ fáng
les tendons	韌帶	韌 帶 rèn dài
les yeux	眼	眼 睛 yǎn jīng

Maladies/douleurs 唔舒服/痛症

CH07_04

Français	廣東話	普通話
Je ne me sens pas bien	我覺得唔舒服	我 覺 得 身 體 不 對 勁 wǒ jué de shēn tǐ bú duì jìn
Je suis malade	我病呀	我 病 了 wǒ bìng le
J'ai mal ici	我呢度唔舒服	我 這 裏 不 對 勁 wǒ zhè lǐ bú duì jìn
J'ai mal au/à la/aux...(Cf. le corps humain)	我 . . . (身體某部份) 唔舒服	我 . . . (身體某部份) 不 對 勁 wǒ bú duì jìn
J'ai mal à la tête/j'ai un mal de tête	我頭痛	我 的 頭 痛 wǒ de tóu tòng
J'ai mal au dos	我背脊痛	我 的 背 痛 wǒ de bèi tòng
J'ai de la fièvre	我發燒	我 發 燒 wǒ fā shāo

Français	廣東話	普通話
J'ai mal à la gorge	我喉嚨痛	我 喉 嚨 痛 wǒ hóu lóng tòng
Je suis constipé (m)/je suis constipée (f)	我便秘	我 便 秘 wǒ biàn mì
J'ai vomi	我嘔呀	我 嘔 吐 wǒ ǒu tù
J'ai des étourdissements	我頭暈	我 頭 暈 wǒ tǒu yùn
J'ai/elle a/il a/vous avez...	我/佢/你有...	我/ 他/ 你 有 ... wǒ tā ní yǒu
– de l'asthme	– 哮喘	– 哮 喘 xiào chuǎn
– un rhume	– 傷風	– 傷 寒 shāng hán
– la diarrhée	– 肚瀉	– 肚 瀉 dù xiè
– des hémoroïdes	– 痔瘡	– 痔 瘡 zhì chuāng
– une hernie	– 疝	– 疝 shàn
– une indigestion	– 消化不良	– 消 化 不 良 xiāo huà bù liáng
– une inflammation de...	– ...發炎	– ... 發 炎 fā yán
– des rhumatismes	– 風濕	– 風 濕 fēng shī
– un torticolis	– 頸梗	– 落 枕 lào zhěn
– un ulcère	– 潰瘍	– 潰 瘍 kuì yáng
Rien de grave, j'espère?	我估冇乜事嘅	我 相 信 沒 有 甚 麼 大 礙 wǒ xiāng xìn méi yǒu shén me dà ài

Français	廣東話	普通話
Où avez-vous mal?	邊度唔舒服?	哪 裏 感 到 不 對 勁? nǎ lǐ gǎn dào bú duì jìn
Depuis quand ressentez-vous cette douleur?	痛咗幾耐呀?	你 痛 了 多 久? nǐ tòng le duō jiǔ
Allongez-vous là	瞓低喺嗰度啦	請 躺 在 那 裏 qǐng tǎng zài nà lǐ
Ouvrez la bouche	擘大口	張 大 口 zhāng dà kǒu
Inspirez et expirez profondément	深呼吸	深 呼 吸 shēn hū xī
Je vais prendre votre température	我幫你探吓熱先	我 先 給 你 量 體 溫 wǒ xiān gěi nǐ liáng tǐ wēn
Je vais vérifier votre tension	我幫你量吓血壓	我 給 你 量 血 壓 wǒ gěi nǐ liáng xuè yā
C'est la première fois que vous ressentez ça?	以前有冇試過咁呀?	從 前 有 沒 有 試 過 cóng qián yǒu méi yǒu shì guo 這 樣? zhè yàng
Je vais vous faire une piqûre	我幫你打支針先	我 先 給 你 注 射 wǒ xiān gěi nǐ zhù shè
Je vais tester vos urines	我幫你驗尿先	我 先 幫 你 驗 尿 wǒ xiān bāng nǐ yàn niào
Ce n'est rien de grave	冇乜大礙嘅	沒 甚 麼 大 礙 méi shén me dà ài
Vous devez rester au lit pendant deux (2) ou trois (3) jours	你要好好地抖番兩三日	你 要 好 好 的 休 息 nǐ yào hǎo hāo de xiū xī 兩 三 天 liǎng sān tiān

Français	廣東話	普通話
Vous avez...	你有...	你 有 ... nǐ yǒu
– de l'arthrite	– 關節炎	– 關 節 炎 guān jíe yán
– une pneumonie	– 感冒	– 感 冒 gǎn mào
– l'appendicite	– 盲腸炎	– 盲 腸 炎 máng cháng yán
C'est un cas d'empoisonnement alimentaire	呢啲係腸胃炎嘅徵狀	這 是 腸 胃 炎 的 病 徵 zhè shì cháng wèi yán de bìng zhēng
Vous buvez/fumez trop	你飲酒/食煙太多喇	你 喝 太 多 酒/ 抽 太 多 煙 nǐ hē tài duō jiǔ chōu tài duō yān
Vous êtes extenué, vous avez besoin de vous reposer.	你透支過度，要好好休息番吓	你 已 經 虛 脫，需 要 好 好 的 休 息 nǐ yǐ jīng xū tuō xū yào hǎo hāo de xiū xī
Il faut faire un bilan de santé	要做個全身檢查先	你 要 先 做 一 個 全 身 檢 查 nǐ yào xiān zuò yí gè quán shēn jiǎn chá
Je vais vous prescrire un antibiotique	我開隻抗生素畀你	我 給 你 開 一 種 抗 生 素 wǒ gěi nǐ kāi yì zhǒng kàng shēng sù
Je suis diabétique	我有糖尿病	我 有 糖 尿 病 wǒ yǒu táng niào bìng
Je suis cardiaque	我有心臟病	我 有 心 臟 病 wǒ yǒu xīn zàng bìng

Français	廣東話	普通話
J'ai déjà eu une crise cardiaque	我心臟病發作	我 心 臟 病 發 作 wǒ xīn zàng bìng fā zuò
Je suis allergique à/au/aux...	我對...敏感	我 對 ... 敏 感 wǒ duì ... mǐn gǎn
J'attends un bébé	我有咗 BB	我 懷 孕 了 wǒ huái yùn le
Il est prévu pour quand?	預產期係幾時?	何 時 是 預 產 期? hé shí shì yù chǎn qī
Je peux voyager?	我可唔可以去旅行?	我 可 不 可 以 去 旅 行? wǒ kě bu kě yǐ qù lǚ xíng
Vous ne pouvez pas voyager jusqu'à...	你喺...之前唔可以去旅行	你 在 ... 之 前 不 可 以 去 旅 行 nǐ zài ... zhī qián bù kě yǐ qù lǚ xíng
Je peux faire du sport?	我可唔可以做運動?	我 可 不 可 以 做 運 動? wǒ kě bu kě yǐ zuò yùn dòng
Quelle dose d'insuline prenez-vous?	你用幾多胰島素?	你 用 多 少 份 量 的 胰 島 素? nǐ yòng duō shǎo fèn liàng de yí dǎo sù
En injection ou oral?	注射定口服?	注 射 的 還 是 口 服? zhù shè de hái shì kǒu fú
Vous suivez actuellement un traitement?	你有冇定期檢查?	你 有 沒 有 定 期 檢 查? ní yǒu méi yǒu dìng qī jiǎn chá

Français	廣東話	普通話
Nous n'utilisons pas ce médicament à Hong Kong/en France/en Chine mais nous avons quelque chose de similaire	我哋香港/法國/中國冇用呢隻藥，不過我可以畀隻差唔多嘅你	在 香 港/ 法 國/ 中 國 沒 有 這 種 藥，不 過 我 可 以 給 另 一 種 差 不 多 的 藥 zài xiāng gǎng fǎ guó zhōng guó méi yǒu zhè zhǒng yào bú guò wǒ kě yǐ gěi lìng yì zhǒng chà bú duō de yào
Vous pouvez faire du sport mais n'en faites pas trop	你可以做適量嘅運動	你 可 以 做 適 量 運 動 nǐ kě yǐ zuò shì liāng yūn dòng

Blessures 受傷

CH07_05

Français	廣東話	普通話
J'ai un/une...	我有...	我 有 ... wǒ yǒu
Vous pouvez regarder...?	你見唔見到有...?	你 看 不 看 到 有 ...? nǐ kàn bu kàn dào yǒu
– ampoule	– 水泡	– 水 泡 shuǐ pào
– bleu/contusion	– 瘀傷	– 瘀 傷 yū shāng
– brûlure	– 割傷	– 割 傷 gē shāng
– coupure	– 切傷	– 切 傷 qiē shāng
– écorchure/ éraflure	– 燙傷	– 燙 傷 tàng shāng
– piqûre d'insecte	– 畀蚊蟲咬傷	– 蚊 蟲 咬 傷 wén chóng yǎo shāng
– bosse/grosseur	– 腫咗	– 腫 起 來 chóng qǐ lái

Français	廣東話	普通話
– éruption cutanée	– 紅斑	– 紅 斑 hóng bān
– gonflement	– 撞腫咗/起咗個瘤	– 腫 了 個 包 chóng le gè bāo
– blessure superficielle	– 皮外傷	– 皮 外 傷 pí wài shāng
– blessure grave	– 傷得好嚴重/重傷	– 重 傷 zhòng shāng
Je ne peux pas bouger mon/ma...	我郁唔到...	我 不 能 動 ... wǒ bù néng dòng
Ça fait mal	好痛	好 痛 hǎo tòng
C'est infecté/Ce n'est pas infecté	有/冇感染	有/ 沒 有 感 染 yǒu méi yǒu gǎn rǎn
Nous allons vous faire une radio	我哋要同你做個掃描	我 們 要 跟 你 做 個 掃 描 wǒ men yào gēn nǐ zuò gè sǎo miáo
Je vais vous donner un antiseptique	我開啲消炎藥畀你	我 給 你 抗 生 素 wǒ gěi nǐ kàng shēng sù
Revenez me voir dans ... jours	...日之後番嚟覆診	... 天 後 回 來 覆 診 tiān hòu huí lái fù zhěn

Prescriptions 開藥

CH07_06

Français	廣東話	普通話
Quel est ce médicament?	呢啲係乜嘢藥？	這 是 甚 麼 藥? zhè shì shén me yào
Je dois le prendre combien de fois par jours?	每日要食幾多次？	每 天 要 吃 幾 次? měi tiān yào chī jī cì

Français	廣東話	普通話
Prenez-en 3 (trois) cuillères à café toutes les 2 (deux) heures	每隔兩個鐘頭食三茶羹	每 兩 個 小 時 吃 三 茶 羹 méi liǎng gè xiǎo shí chī sān chá gēng
Prenez ces comprimés 3 à 4 (quatre) fois par jour	啲藥丸每日食三至四次	這 些 藥 丸 每 天 吃 三 至 四 次 zhè xiē yào wán měi tiān chī sān zhì sì cì
– avant chaque repas	– 飯前食	– 飯 前 吃 fàn qián chī
– après chaque repas	– 食飯之後食	– 飯 後 吃 fàn hòu chī
– entre les repas	– 餐與餐之間食	– 餐 與 餐 之 間 吃 cān yú cān zhī jiān chī
– le matin	– 朝早食	– 早 上 吃 zǎo shàng chī
– le soir	– 夜晚食	– 晚 上 吃 wǎn shàng chī

Chez le dentiste 睇牙醫/看牙醫

Français	廣東話	普通話
J'ai mal aux dents	我牙痛呀	我 有 點 牙 疼 wǒ yǒu diǎn yá téng
Vous connaissez un bon dentiste?	你識唔識啲好嘅牙醫？	你 認 不 認 識 一 些 好 的 牙 科 醫 生? nǐ rèn bu rèn shī yì xiē hǎo de yá kē yī shēng
Je voudrais prendre rendez-vous avec le Docteur...	我想約見…醫生	我 想 約 見 … 醫 生 wǒ xiǎng yuē jiàn yī shēng
C'est une urgence	好急嘅	很 緊 急 的 hén jǐn jí de

Français	廣東話	普通話
Je peux venir plus tôt? Je souffre beaucoup.	我可唔可以早啲嚟？我好唔舒服/我啲牙好痛	我可不可以早一點來? 我很不舒服/我的牙齒很痛 wǒ kě bu kě yǐ zǎo yì diǎn lái wǒ hěn bù shū fú wǒ de yá chǐ hěn tòng
C'est un abcès/une infection?	係咪發炎呀？	是不是發炎? shì bu shì fā yán
Cette dent me fait mal	呢隻牙整到我…唔舒服	這顆牙齒令我…很不舒服 zhè kē yá chǐ lìng wǒ hěn bù shū fú
– en haut	– 上面	– 上面 shàng miàn
– en bas	– 下面	– 下面 xià miàn
– derrière	– 後面	– 後面 hòu miàn
– devant	– 前面	– 前面 qián miàn
Mon plombage a sauté	我補牙嗰度甩咗	我補牙的地方掉了 wǒ bǔ yá de dì fāng diào le
Cette dent doit être extraite	呢隻牙要剝喇	你這顆牙需要拔掉 nǐ zhè kē yá xū yào bá diào
Je vais vous faire un plombage	我幫你補番隻牙	我將替你補牙 wǒ jiāng tì nǐ bǔ yá
Je vais vous anesthésier la dent	我幫你落啲麻醉藥先	我先給你注射麻醉藥 wǒ xiān gěi nǐ zhù shè má zuì yào

Français	廣東話	普通話
Mes gencives...	我啲牙肉…	我 的 牙 肉 … wǒ de yá ròu
– me font mal	– 痛	– 疼 téng
– sont enflées	– 腫咗	– 腫 了 zhǒng le
– saignent	– 流血	– 流 血 liú xuè
J'ai cassé mon dentier	我整爛咗隻假牙	我 弄 爛 了 一 顆 假 牙 wǒ nòng làn le yì kē jiǎ yá
Vous pouvez le réparer	我幫你整番好佢	我 幫 你 把 它 弄 好 wǒ bāng nǐ bǎ tā nòng hǎo
Il sera prêt quand?	要整幾耐?	要 多 久? yào duō jiǔ

醫療

一般門診醫生	€20,00 起
專科醫生	€22,87 起

Hôpital, Urgences
醫院同緊急事故

Français	廣東話	普通話
A l'aide!	救命呀！	救命呀！ jiù mìng ya
Emménez-moi à l'hôpital!	送我去醫院！	送我到醫院去！ sòng wǒ dào yī yuàn qù
Allez me chercher un docteur!	幫我去搵醫生！	幫我去找醫生！ bāng wǒ qù zhǎo yī shēng
Appelez une ambulance!	叫白車！	叫救護車！ jiào jiù hù chē
Dépêchez-vous!	快啲啦！	快點啦！ kuài diǎn la
Quel est le numéro des urgences?	緊急電話係幾多號？	緊急電話的號碼是多少？ jǐn jí diàn huà de hào mǎ shì duō shǎo
Où est l'hôpital le plus proche?	最近嘅醫院喺邊？	最近的醫院在哪兒？ zuì jìn de yī yuàn zài nǎr
Un accident a eu lieu avenue...	大路嗰度有意外...	在公路上發生意外... zài gōng lù shàng fā shēng yì wài
Ne vous rassemblez pas autour de lui!	你哋唔好圍住佢！	你們不要圍在他身邊！ nǐ men bú yào wéi zài tā shēn biān
Laissez le respirer!	畀佢抖氣！	讓他呼吸空氣！ ràng tā hū xī kōng qì
Ne le bougez surtout pas!	千祈唔好郁佢！	千萬不要移動他！ qiān wàn bú yào yí dòng tā

Français	廣東話	普通話
Faites attention en le bougeant!	小心啲郁佢呀!	移 動 他 小 心 點! yí dòng tā xiǎo xīn diǎn
Donnez-moi de l'eau!	畀啲水我!	請 給 我 水! qǐng gěi wǒ shuǐ
Calmez-vous!	冷靜啲!	冷 靜 一 點! lěng jìng yì diǎn
Respirez profondément!	深呼吸!	深 呼 吸! shēn hū xī
Où avez-vous mal?	你邊度唔舒服?	你 哪 裏 感 到 不 舒 服? nǐ nǎ lǐ gǎn dào bù shū fú
J'ai...	我...	我 ... wǒ
– une entorse du genou/de la cheville	– 扭親膝頭/扭親腳踭	– 扭 傷 了 膝 蓋/ 扭 傷 了 腳 跟 niǔ shāng le xī gài niǔ shāng le jiǎo gēn
– le bras cassé/la jambe cassée	– 跌斷手/跌斷腳	– 跌 斷 手/ 跌 斷 腳 diē duàn shǒu diē duàn jiǎo
– le nez cassé	– 撞親個鼻	– 碰 傷 了 鼻 子 pèng shāng le bí zi
J'ai mal à l'estomac	我個胃唔舒服	我 胃 不 舒 服 wǒ wèi bù shū fú
J'ai des crampes	我抽筋	我 抽 筋 wǒ chōu jīn
Il est tombé	佢跌親	他 跌 倒 tā diē dǎo
Un taxi l'a renversé	佢畀架的士撞倒	他 給 一 輛 的 士 撞 倒 tā gěi yí liàng dī shì zhuàng dǎo
Il a une crise cardiaque	佢有心臟病	他 有 心 臟 病 tā yǒu xīn zàng bìng

Français	廣東話	普通話
Il a glissé	佢跣親	他 滑 倒 tā huá dǎo
On lui a tiré dessus	佢畀槍打傷	他 被 槍 打 傷 tā bèi qiāng dǎ shāng
Elle a avalé une arête de poisson	佢吞咗條魚骨	她 吞 了 魚 刺 tā tūn le yú cì
Il saigne	佢流血	他 流 血 tā liú xuè
Qu'est-ce que vous allez lui faire?	你哋會幫佢做啲乜?	你 們 會 幫 他 做 甚 nǐ men huì bāng tā zuò shén 麼? me
Combien de temps va t-il rester à l'hôpital?	佢會留喺醫院幾耐?	他 會 住 院 多 久? tā huì zhù yuàn duō jiǔ
Nous allons le garder 2 (deux) jours en observation c'est la procédure habituelle	依照慣常嘅程序，我哋會留佢喺醫院觀察兩日	依 照 通 常 的 程 序, yī zhào tōng cháng de chéng xù 我 們 會 要 求 她 留 wǒ men huì yào qiú tā liú 院 觀 察 兩 天 yuàn guān chá liǎng tiān
Est-ce qu'il va mourir?	佢會唔會死?	他 會 不 會 死? tā huì bu huì sǐ
Ne vous inquiétez pas, il va s'en sortir.	唔駛擔心，佢好快就走得	不 用 擔 心 他 很 快 bú yòng dān xīn tā hěn kuài 便 可 以 出 院 biàn kě yǐ chū yuàn
Il doit se reposer pendant quelques jours	佢要休息幾日	他 需 要 休 息 幾 天 tā xū yào xīu xi jī tiān
Ce n'est rien de grave!	唔係好嚴重	不 是 很 嚴 重 bú shì hěn yán zhòng
Elle est dans une situation critique	佢而家喺危險期	她 仍 在 危 險 期 tā réng zài wēi xiǎn qī

Français	廣東話	普通話
Nous allons le transférer dans le service des soins intensifs	我哋會轉送佢去深切治療部	我 們 會 轉 送 他 去 深 切 治 療 部 wǒ men huì zhuǎn sòng tā qù shēn qìe zhì liáo bù
Nous allons vous faire une prise de sang	我哋會幫你驗血	我 們 會 幫 你 驗 血 wǒ men huì bāng nǐ yàn xuè
Vous avez fait le test VIH?	你有冇做過 HIV 測試？	你 有 沒 有 做 過 HIV 的 測 試? nǐ yǒu méi yǒu zuò guò de cè shì
Vous êtes vacciné contre l'hépatite?	你有冇打過肝炎疫苗？	你 有 沒 有 注 射 肝 炎 疫 苗? nǐ yǒu méi yǒu zhù shè gān yán yì miáo
Attendez dehors, s'il vous plaît.	喺出面等，唔該	在 外 面 等，謝 謝 zài wài miàn děng xiè xie
Le docteur sera à vous dans une minute	醫生一陣就會見你	醫 生 等 一 會 兒 就 會 見 你 yī shēng děng yí huìr jiù huì jiàn nǐ
Nous devons l'opérer d'urgence	我哋盡快同佢做手術	我 們 會 盡 快 替 他 做 手 術 wǒ men huì jìn kuài tì tā zuò shǒu shù
Nous avons besoin de votre autorisation pour l'opérer	我哋需要你嘅批准先可以同佢做手術	我 們 需 要 你 的 批 准 才 可 以 給 他 做 手 術 wǒ men xū yào nǐ de pī zhǔn cái kě yǐ gěi tā zuò shǒu shù
Remplissez ce formulaire	填咗呢份表	先 填 這 張 表 xiān tián zhè zhāng biǎo

Français	廣東話	普通話
La police a besoin de votre témoignage au sujet de l'accident	警方需要你同個意外落口供	警方需要你為這個意外作口供 jǐng fāng xū yào nǐ wèi zhè gè yì wài zuò kǒu gòng
Vous voulez un verre d'eau, du thé, du café?	你要一杯水，茶定係咖啡？	你要一杯水，茶還是咖啡? nǐ yào yì bēi shuǐ chá hái shì kā fēi
Allez manger quelque chose à la caféteria	去餐廳度食啲嘢啦	到餐館吃點東西吧 dào cān guǎn chi diǎn dōng xī ba
Vous pouvez appeler mon hôtel/ma famille?	你可以打電話去我酒店/屋企嗎？	你可以打電話去我居住的酒店/家嗎? nǐ kě yǐ dǎ diàn huà qù wǒ jū zhù de jiǔ diàn jiā ma
Je dois téléphoner d'urgence à mon médecin de famille	我要打緊急電話畀我個家庭醫生	我要打個緊急電話給我的家庭醫生 wǒ yào dǎ gè jǐn jí diàn huà gěi wǒ de jiā tíng yī shēng
Je dois prendre ces médicaments	我要食呢啲藥	我要吃這種藥 wǒ yào chī zhè zhǒng yào

Syndrôme respiratoire aigu sévère (SRAS)/ pneumonie atypique 非典型肺炎

Français	廣東話	普通話
Mesures de protection:	預防方法：	預防方法: yù fáng fāng fǎ

Français	廣東話	普通話
– porter un masque dans tous les endroits publics	– 喺公眾場所戴上口罩	– 在公眾場所戴上口罩 zài gōng zhòng chǎng suǒ dài shàng kǒu zhào
– se laver les mains fréquemment avec du savon surtout après avoir touché…	– 喺觸摸過…之後即刻用番梘洗手	– 在觸摸過…之後立即用肥皂洗手 zài chù mō guò … zhī hòu lì jí yòng féi zào xǐ shǒu
• les poignées de portes	• 門柄	• 門柄 mén bǐng
• les boutons d'ascenseur	• 升降機掣	• 升降機按鈕 shēng jiàng jī àn niǔ
– éviter de se serrer la main	– 避免同人握手	– 避免跟人握手 bì miǎn gēn rén wò shǒu
– désinfecter à l'eau de Javel tous les meubles et les sols	– 用漂白水消毒地板同家具	– 用漂白水消毒地板及家具 yòng piǎo bái shuǐ xiāo dú dì bǎn jí jiā jù
Symptomes (après un contact proche avec une personne infectée):	病徵(喺同受感染嘅人有緊密接觸之後而出現):	病徵(在跟受感染的人有緊密接觸後而出現): bìng zhèng zài gēn shòu gǎn rǎn de rán yǒu jǐn mì jiē chù hòu er chū xiàn
– toux	– 咳嗽	– 咳嗽 ké sòu
– fièvre	– 發燒	– 發燒 fā shāo
– problèmes respiratoires	– 呼吸管道疾病	– 呼吸管道疾病 hū xī guǎn dào jí bìng
– diarrhée	– 肚瀉	– 腹瀉 fù xiè

Français	廣東話	普通話
Rester à la maison (quarantaine)	留喺屋企(接受隔離)	留 liú 在 zài 家 jià 裏 lǐ (接 jiē 受 shòu 隔 gé 離 lí)
contacter aussitôt un service de santé	盡快通知醫療人員	盡 jìn 快 kuài 通 tōng 知 zhī 醫 yī 療 liáo 人 rén 員 yuán
Grippe Aviaire	禽流感	禽 qín 流 liú 感 gǎn

法國緊急求助電話

醫療緊急事故、意外(SAMU): 15
警局: 17
消防局: 18

電話號碼查詢: 12

*凡致電緊急熱線(15、17、18)及電話號碼查詢熱線，都不用收費。

SOS緊急求救電話(英語): (1) 47 23 80 80

信用卡報失服務電話:

VISA	08 36 69 08 80
Mastercard	08 00 90 13 87
American Express	(1) 47 77 72 00

Eglises et Lieux de Prières
教堂與祈禱聖地

Français	廣東話	普通話
Excusez-moi, où est-ce que je peux trouver une église/une mosquée/une synagogue ou un temple par ici?	唔該，請問我可以喺附近邊度搵到教堂/清真寺/猶太教堂或者廟宇？	不好意思，請問我可以在附近哪裏找到教堂/清真寺/猶太教堂或廟宇? bù hǎo yì si, qǐng wèn wǒ kě yǐ zài fù jìn nǎ lǐ zhǎo dào jiào táng/ qīng zhēn sì/ yóu tài jiào táng huò miào yǔ
C'est loin d'ici?	離呢度幾遠？	離這裏多遠? lí zhè lǐ duō yuǎn
A quelle heure est la messe?	個彌撒幾時開始？	彌撒幾時開始? mí sà jǐ shí kāi shǐ
Vous pouvez m'y emmener?	你可唔可以帶我去？	你可不可以帶我去? nǐ kě bu kě yǐ dài wǒ qù
Cette cathédrale est magnifique	呢間教堂真係宏偉	這間教堂真是宏偉 zhè jiān jiào táng zhēn shì hóng wěi

La poste 郵局

Français	廣東話	普通話
Où se trouve le bureau de poste le plus proche?	邊度有郵局?	哪 裏 有 郵 局? nǎ lǐ yǒu yóu jú
A quelle heure ouvre/ ferme la poste?	郵局幾時開/閂?	郵 局 何 時 開/ 關 閉? yóu jú hé shí kāi guān bì
Je voudrais des timbres	我想買郵票	我 想 買 郵 票 wǒ xiǎng mǎi yóu piào
Guichet 4!	4號窗!	4 號 櫃 枱! sì hào guì tái
Je voudrais envoyer ces lettres/cartes postales en France/ en Chine à Hong Kong	我想寄信/明信片去法國/中國/香港	我 想 寄 信/ 明 信 片 wǒ xiǎng jì xìn míng xìn piàn 去 法 國/ 中 國/ 香 港 qù fǎ guó zhōng guó xiāng gǎng
Quel est le tarif postal pour les Etats Unis?	寄去美國要幾多錢?	寄 去 美 國 要 多 少 jì qù měi guó yào duō shǎo 錢? qián
Ces lettres sont toutes par avion?	係唔係要寄空郵?	是 不 是 要 寄 空 郵? shì bu shì yào jì kōng yóu
Je voudrais envoyer ce paquet	我想寄呢個包裹	我 想 寄 這 個 包 裹 wǒ xiǎng jì zhè gè bāo guǒ
Je dois remplir un formulaire de douane?	我係咪要填咗呢張海關表格?	我 是 不 是 要 先 填 wǒ shì bu shì yào xiān tián 這 張 海 關 表 格? zhè zhāng hǎi guān biǎo gé
Où est la boîte aux lettres?	邊度有郵筒?	哪 裏 有 郵 筒? nǎ lǐ yǒu yóu tǒng

Français	廣東話	普通話
Je voudrais envoyer ça…	我想寄…	我 想 寄 … wǒ xiǎng jì
– par avion	– 空郵	– 空 郵 kōng yóu
– par bateau	– 平郵	– 平 郵 píng yóu
– en recommandé	– 掛號	– 掛 號 guà hào
– par DHL/Fedex	– DHL/Fedex	– DHL/Fedex
Est-ce qu'il y a du courrier pour moi?	係咪有郵件係我嘅?	是 不 是 有 我 的 郵 件? shì bu shì yǒu wǒ de yóu jiàn
Mon nom est...	我個名係…	我 的 名 字 是 … wǒ de míng zì shì
Voici mon passeport/ ma carte d'identité	呢個係我嘅護照/身份證	這 是 我 的 護 照/ 身 份 證 zhè shì wǒ de hù zhào shēn fèn zhèng

Téléphone, Télécopies, Emails
電話、電話傳真、電子郵件

Téléphone, Télécopies 電話、電話傳真

Français	廣東話	普通話
Est-ce qu'il y a une cabine téléphonique près d'ici?	附近有冇電話亭?	附近有沒有電話亭? fù jìn yǒu méi yǒu diàn huà tíng
Le téléphone ne marche pas; essayez plutôt celui du restaurant, en face.	電話壞咗，你試吓去餐廳嗰個	電話壞了，你可以到餐廳那個試試 diàn huà huài le nǐ kě yǐ dào cān tīng nà gè shì shi
Vous avez un annuaire/un minitel?	你有冇電話簿/Minitel? (存取各種唔同服務資訊嘅小型電傳機)	你有沒有電話簿/Minitel? (存取各種不同服務資訊的小型電傳機) nǐ yǒu méi yǒu diàn huà bù
Vous pouvez téléphoner pour moi?	你可唔可以幫我打電話?	你可不可以幫我打電話? nǐ kě bu kě yǐ bāng wǒ dǎ diàn huà
Je voudrais appeller en France, vous l'écrivez sur ma note.	我想打去法國，你記喺我張單度	我想撥電話去法國，你記在我的賬單上 wǒ xiǎng bō diàn huà qù fǎ guó nǐ jì zài wǒ de zhàng dān shàng
Quel est le prix de la communication?	請問打一次電話要幾多錢?	請問打一次電話要多少錢? qǐng wèn dǎ yí cì diàn huà yào duō shǎo qián

Français	廣東話	普通話
Allô, c'est... à l'appareil	你好，我係…	你 好，我 是 … nǐ hǎo wǒ shì
Je voudrais parler à...	我想搵…	我 想 找 … wǒ xiǎng zhǎo
Je suis bien au/ chez...?	請問呢度係咪…?	請 問 這 裏 是 不 是 …? qǐng wèn zhè lǐ shì bu shì
Vous pouvez rappeller plus tard?	你可唔可以晏啲再打畀我?	你 可 不 可 以 晚 點 才 給 我 電 話? nǐ kě bu kě yǐ wǎn diǎn cái gěi wǒ diàn huà
Vous m'avez donné un mauvais numéro	你畀咗個錯嘅號碼我	你 給 了 我 一 個 錯 的 號 碼 nǐ gěi le wǒ yí gè cuò de hào mǎ
Nous avons été coupés	我哋斷咗線	我 們 斷 了 線 wǒ men duàn le xiàn
A quelle heure rentre t-il?	佢幾點番嚟?	他 何 時 回 來? tā hé shí huí lái
Est-ce que je peux laisser un message?	我可唔可以留言?	我 可 不 可 以 留 言? wǒ kě bu kě yǐ liú yán
Je voudrais payer la communication	我想找數	我 想 付 款 wǒ xiǎng fù kuǎn
Un appel pour vous!	有電話搵你!	有 電 話 找 你! yǒu diàn huà zhǎo nǐ
Quel numéro avez-vous composé?	你打幾多號電話?	你 撥 哪 個 電 話 號 碼? nǐ bō nǎ gè diàn huà hào mǎ

Français	廣東話	普通話
La ligne est occupée	電話暫時未能接通	電 話 暫 時 未 能 接 通 diàn huà zàn shí wèi néng jiē tōng
Le téléphone est en panne	電話故障	電 話 故 障 diàn huà gù zhàng
Il/Elle n'est pas là	佢唔喺度	他/ 她 不 在 tā tā bú zài
Où est-ce que je peux acheter une télécarte/une mobicarte?	喺邊度可以買到電話卡/用喺手提電話嘅電話卡?	在 哪 裏 可 以 購 買 電 話 卡/ 手 提 電 話 用 的 電 話 卡? zài nǎ lǐ kě yǐ gòu mǎi diàn huà kǎ shǒu tí diàn huà yòng de diàn huà kǎ
Est-ce qu'il est possible d'envoyer un fax de l'hôtel?	我可唔可以喺酒店傳真份文件?	我 可 不 可 以 在 酒 店 傳 真 文 件? wǒ kě bu kě yǐ zài jiǔ diàn chuán zhēn wén jiàn
Je peux utiliser votre ordinateur? Je dois vérifier mes emails.	我可唔可以用你部電腦?我要 check email	我 可 不 可 以 用 你 的 電 腦? 我 需 要 查 閱 電 子 郵 件 wǒ kě bu kě yǐ yòng nǐ de diàn nǎo wǒ xū yào chá yuè diàn zǐ yóu jiàn
Je cherche un cybercafé/Internet café. Est-ce qu'il y en a un près d'ici?	我搵緊一間有得上網嘅咖啡店，呢度附近有冇一間?	我 在 找 一 間 有 上 網 服 務 的 咖 啡 店， 這 裏 附 近 有 沒 有 一 間? wǒ zài zhǎo yì jiān yǒu shàng wǎng fú wù de kā fēi diàn zhè lǐ fù jìn yǒu méi yǒu yì jiān

Emails 電子郵件

CH11_02

Français	廣東話	普通話
Haut débit	寬頻	寬 帶 kuān dài
email/SMS/MMS (mobiles/portables)	電郵/手機短訊/多媒體訊息(手機/手提電話)	電 郵/ 短 訊 息/ 多 媒 體 訊 息 (手 機/ 手 提 電 話) diàn yóu duǎn xùn xī duō méi tǐ xùn xī shǒu jī shǒu tí diàn huà
Boîte mail	電郵郵箱	電 郵 郵 箱 diàn yóu yóu xiāng
Identifiant	用戶名/ID	用 戶 名/ 帳 號 yòng hù míng zhàng hào
Mot de passe	密碼	密 碼 mì mǎ
Objet	主旨	主 題 zhǔ tí
Destinataire	收件者地址	收 件 者 地 址 shōu jiàn zhě dì zhǐ
Message	內容/訊息	內 容/ 訊 息 nèi róng xùn xī
Pièce jointe/document attaché	附加文件	附 加 文 件 fù jiā wén jiàn
Envoyer/recevoir	寄出/收件	寄 出/ 收 件 jì chū shōu jiàn
Chat	聊天室	聊 天 室 liáo tiān shì
Messagerie vocale	語音訊息	語 音 訊 息 yǔ yīn xùn xī
Wifi/Bluetooth	無線電腦網絡/藍牙	無 線 電 腦 網 絡/ 藍 牙 wú xiàn diàn nǎo wǎng luò lán yá

電話

由外國致電法國：先撥33然後撥對方9位數字號碼(不用撥號碼前的0)。
在法國境內：只需要直接撥對方的10位數字號碼。
由法國致電外國：先撥00然後順序撥國家號碼、地區號碼及對方號碼。

你可以在郵政局、香煙小賣店、紀念物店中買到所有種類的電話卡，包括電話亭用的電話卡、手提電話增值用的電話卡、儲值的電話卡等。

網址 www.francetelecom.fr 提供電話收費價目表和國家號碼。

郵政

法國的郵筒是黃色的，一般都設在街上和郵局外牆。每個郵筒上都標示收集信件的時間。

你可於郵局或香煙小賣店購買郵票，郵費會因應郵件的重量和目的地而有所不同。有關郵費價目，你可以瀏覽 www.laposte.fr。

Vol 搶劫

Français	廣東話	普通話
Au voleur!	捉住個賊！	捉 賊！ zhuō zéi
A l'aide!/Au secours!	救命！	救 命！ jiù mìng
Laissez-moi tranquille ou j'appelle la police!	我報緊警，唔該靜啲呀！	我 現 在 通 告 警 方， wǒ xiàn zài tōng gào jǐng fāng 請 安 靜 點！ qǐng ān jìng diǎn
Où est le service de sécurité de l'hôtel?	酒店保安部喺邊？	酒 店 的 保 安 部 在 jiù diàn de bǎo ān bù zài 哪 兒? nǎr
Qu'est-ce qui se passe?	發生咩事呀？	發 生 甚 麼 事? fā shēng shén me shì
Où se trouve le commissariat le plus proche?	最近嘅警局喺邊呀？	最 近 的 警 局 在 zuì jìn de jǐng jú zài 哪 兒? nǎr
Aidez-moi, je vous en supplie!	幫幫我，我要你幫手呀！	幫 幫 我，我 需 要 你 bāng bāng wǒ wǒ xū yào nǐ 的 幫 忙 呀！ de bāng máng ya
Je suis perdu (m)/je suis perdue (f)!	我蕩失路呀！	我 迷 路 呀！ wǒ mí lù ya
Par où est-il allé?	佢跑咗去邊？	他 跑 去 了 哪 兒? tā pǎo qù le nǎr
Par là!	嗰邊！	那 邊！ nà biān
J'ai perdu...	我唔見咗…	我 掉 了 … wǒ diào le

Français	廣東話	普通話
– mon lecteur de MDs	– 我部MD機	– 我的MD機 wǒ de jī
– mon portefeuille	– 我個銀包	– 我的錢包 wǒ de qián bāo
– ma carte d'identité	– 我張身份證	– 我的身份證 wǒ de shēn fèn zhèng
– mon porte-monnaie	– 我個散紙包	– 我的零錢包 wǒ de líng qián bāo
– ma valise	– 我個袋	– 我的袋 wǒ de dài
– mon passeport	– 我本護照	– 我的護照 wǒ de hù zhào
– ma montre	– 我隻錶	– 我的手錶 wǒ de shǒu biǎo
– mon portable	– 我個手提電話	– 我的手提電話 wǒ de shǒu tí diàn huà
– mes bijoux (mon bracelet, ma chaîne)	– 我啲首飾(手鏈/頸鏈)	– 我的首飾(手鏈/頸鏈) wǒ de shǒu shì
– mon appareil-photo	– 我啲證件相	– 我的證件相 wǒ de zhèng jiàn xiàng
– mon permis de conduire	– 我個駕駛執照	– 我的駕駛執照 wǒ de jià shǐ zhí zhào
– mes chèques de voyage	– 我啲旅遊支票	– 我的旅遊支票 wǒ de lǚ yóu zhī piào
Où se trouve le bureau des objets trouvés?	失物認領處喺邊？	失物認領處在哪兒? shī wù rèn lǐng chù zài nǎr
Où les avez-vous laissés?	你喺邊度漏低啲嘢？	你在哪兒掉了你的東西? nǐ zài nǎr diào le nǐ de dōng xi

Français	廣東話	普通話
Je les ai laissés chez/au...	我留低咗啲嘢喺…	我 留 下 了 些 東 西 在 … wǒ liú xià le xiē dōng xī zài
Je ne sais pas/je n'en sais rien	我唔知呀/我乜都唔知!	我 不 知 道/ 我 甚 麼 都 不 知 道! wǒ bù zhī dào wǒ shén me dōu bù zhī dào
J'ai oublié, je ne me rappelle pas.	我唔記得啦，我真係記唔起	我 記 不 起，我 真 的 記 不 起 wǒ jì bù qǐ wǒ zhēn de jì bù qǐ
Comment puis-je les retrouver?	我點樣可以搵番啲嘢?	我 怎 樣 才 可 以 找 回 失 去 的 東 西? wǒ zěn yàng cái kě yǐ zhǎo huí shī qù de dōng xī
Il m'a volé	佢偷咗我啲嘢	他 偷 了 我 的 東 西 tā tōu le wǒ de dōng xī
J'ai été volé	我畀人打劫	我 遭 人 搶 劫 wǒ zāo rén qiǎng jié
A quoi il/elle ressemble?	佢咩樣㗎?	他 的 樣 子 甚 麼 樣? tā de yàng zi shén me yàng
C'est cet homme?	係咪呢個男人?	是 不 是 這 個 男 人? shì bu shì zhè gè nán rén
Oui, c'est lui!	係，係佢呀!	對，就 是 他! duì jiù shì tā
C'est à vous, ça?	呢個係咪你嘅?	這 個 是 不 是 你 的? zhè gè shì bu shì nǐ de
Oui, c'est bien à moi!	係，呢個係我嘅!	是，這 個 是 我 的! shì zhè gè shì wǒ de
Je voudrais déposer une plainte	我想報案	我 想 報 案 wǒ xiǎng bào àn

Français	廣東話	普通話
Calmez-vous!	你冷靜啲啦!	你 冷 靜 點 吧! nǐ lěng jìng diǎn bā
Restez ici!	留喺呢度!	留 在 這 兒! liú zài zhèr
Remplissez ce formulaire	填咗呢張表	先 填 這 張 表 格 xiān tián zhè zhāng biǎo gé
Qu'est-ce qui va se passer maintenant?	宜家發生緊啲咩事?	現 在 發 生 甚 麼 事? xiàn zài fā shēng shén me shì
Qu'est-ce que ça veut dire?	你想講咩呀?	你 想 說 甚 麼? nǐ xiǎng shuō shén me
Je ne comprends pas!	我唔知呀!	我 不 知 道! wǒ bù zhī dào
Cet homme dit que...	呢個男人話...	這 個 男 人 說 ... zhè gè nán rén shuō
Cet homme a essayé de me voler	呢個男人想偷我嘢	這 個 男 人 想 偷 我 zhè gè nán rén xiǎng tōu wǒ 的 東 西 de dōng xī
Elle a essayé de me tromper!	個女人想捉賊!	那 女 人 想 捉 賊! nà nǚ rén xiǎng zhuō zéi
Voici ce qu'il vous a volé	呢樣係佢偷你嘅嘢	這 是 他 偷 你 的 東 zhè shì tā tōu nǐ de dōng 西 xi
Merci infiniment!	十萬個多謝/唔該!	萬 分 感 謝! wàn fēn gǎn xiè
Vous avez droit à un appel	你有權打個電話	你 有 權 打 電 話 nǐ yǒu quán dǎ diàn huà

Français	廣東話	普通話
Vous avez le droit de garder le silence, tout ce que vous direz pourra être retenu contre vous.	你有權保持緘默，但你所講嘅嘢將會成為呈堂證供	你 有 權 保 持 沉 默， nǐ yǒu quán bǎo chí chén mò 但 你 所 說 的 一 切 dàn nǐ suǒ shuō de yí qiè 將 會 成 為 呈 堂 證 jiāng huì chéng wéi chéng táng zhèng 供 gòng
C'est une erreur/c'est un malentendu	呢個係一個誤會	這 是 一 個 誤 會 zhè shì yí gè wù huì
Je n'y suis pour rien	我乜都冇做過	我 甚 麼 都 沒 做 過 wǒ shén me dōu méi zuò guo
Vous avez un avocat?	你有冇代表律師？	你 有 沒 有 代 表 律 nǐ yǒu méi yǒu dài biǎo lǜ 師? shī
Nom, Prénom.	姓，名	姓，名 xìng míng

Appel à l'ambassade ou au consulat
聯絡大使館或領事館

Français	廣東話	普通話
Je suis français/ chinois/de Hong Kong	我係法國人/中國人/香港嚟	我 是 法 國 人/ 中 國 人/ 香 港 來 的 wǒ shì fǎ guó rén zhōng guó rén xiāng gǎng lái de
Je voudrais téléphoner à mon ambassade/à mon consulat	我想打電話畀我國家嘅大使館/領事館	我 想 打 個 電 話 給 我 國 家 的 大 使 館/ 領 事 館 wǒ xiǎng dǎ gè diàn huà gěi wǒ guó jiā de dà shí guǎn lǐng shì guǎn
Vous pouvez me dire comment y aller?	你可唔可以話畀我知點去嗰度?	你 可 不 可 以 告 訴 我 怎 樣 去 那 兒? nǐ kě bu kě yǐ gào sù wǒ zěn yàng qù nàr
Quel est le numéro de l'ambassade de France/de Chine?	法國/中國大使館的電話號碼幾多號?	法 國/ 中 國 大 使 館 的 電 話 號 碼 是 多 少? fǎ guó zhōng guó dà shǐ guǎn de diàn huà hào mǎ shì duō shǎo
Je voudrais parler à Monsieur l'Ambassadeur/ Madame le Consul	我想同男大使/女領事傾吓	我 想 找 男 大 使/ 女 領 事 談 談 wǒ xiǎng zhǎo nán dà shǐ nǚ lǐng shì tán tan
J'ai perdu mon passeport et je ne sais pas quoi faire	我唔見咗本護照, 唔知點算好	我 丟 了 我 的 護 照, 不 知 怎 麼 辦 wǒ diū le wǒ de hù zhào bù zhī zěn me bàn
Je voudrais prendre rendez-vous avec le Consul	我想約個時間同領事傾吓	我 想 預 約 跟 領 事 談 談 wǒ xiǎng yù yuē gēn lǐng shì tán tan

Français	廣東話	普通話
Je voudrais rencontrer l'attaché…	我想約見…	我 想 約 … wǒ xiǎng yuē
– de coopération (langue)	– 語言學專家	– 語 言 學 家 yǔ yán xué jiā
– militaire	– 軍事專家	– 軍 事 家 jūn shì jiā
– audio-visuel	– 視聽設備負責人	– 視 聽 設 備 負 責 人 shì tīng shè bèi fù zé rén
– scientifique	– 科學專家	– 科 學 家 kē xué jiā
Je voudrais renouveler mon visa/mon passeport	我想續我嘅簽證/護照	我 想 延 期 我 的 簽 證/ 護 照 wǒ xiǎng yán qī wǒ de qiān zhèng hù zhào

Visite 觀光

Français	廣東話	普通話
Où se trouve l'office du tourisme?	邊度有遊客中心?	哪裏有遊客中心? nǎ lǐ yǒu yóu kè zhōng xīn
Vous pouvez me recommander un bon guide touristique où je peux trouver des informations sur…?	我想搵關於…嘅資料，可唔可以介紹一本好嘅旅遊指南畀我?	我想找有關…的資料，可不可以給我介紹一本好的旅遊指南? wǒ xiǎng zhǎo yǒu guān de zī liào, kě bu kě yǐ gěi wǒ jiè shào yì běn hǎo de lǚ yóu zhǐ nán
– les lieux culturels, les monuments à Paris/Marseille/Lyon/Hong Kong	– 巴黎/馬賽/里昂/…香港有嘅歷史文物，…紀念碑之類嘅地方	– 巴黎/馬賽/里昂/香港有歷史文物，紀念碑之類的地方 bā lí mǎ sài lǐ áng xiāng gǎng yǒu lì shǐ wén wù, jì niàn bēi zhī lèi de dì fāng
– les plages	– 海灘	– 海灘 hǎi tān
– les musées, les parcs de la capitale	– 博物館，首都公園	– 博物館，首都公園 bó wù guǎn, shǒu dū gōng yuán
Vous avez des brochures ou des prospectus?	你哋有冇小冊子或者單張?	你們有沒有小冊子或者紙片? nǐ men yǒu méi yǒu xiǎo cè zi huò zhě zhǐ piàn
Je désirerais un plan de la ville	我想要個城市地圖	我想要整個城市的地圖 wǒ xiǎng yào zhěng gè chéng shì de dì tú

Français	廣東話	普通話
Quels sont les lieux touristiques les plus populaires?	邊度有最出名嘅遊客區？	哪 裏 有 最 著 名 的 旅 遊 區? nǎ lǐ yǒu zuì zhù míng de lǚ yóu qū
Nous sommes ici pour...	我哋會喺度留…	我 們 會 留 在 這 裏 … wǒ men huì liú zài zhè lǐ
– quelques heures	– 幾個鐘頭	– 幾 個 小 時 jǐ gè xiǎo shí
– trois jours	– 三日	– 三 天 sān tiān
– une semaine seulement	– 一個星期咋	– 只 有 一 個 星 期 zhǐ yǒu yí gè xīng qī
Je cherche une agence de voyages	我想搵間旅行社	我 想 找 間 旅 行 社 wǒ xiáng zhǎo jiān lǚ xíng shè
Est-ce que vous organisez des tours de la ville?	你哋有冇遊市區嘅團？	你 們 有 沒 有 遊 市 區 的 旅 行 團? nǐ men yǒu méi yǒu yóu shì qū de lǚ xíng tuán
Vous avez des forfaits du genre "visite de Paris en une semaine"?	有冇啲"巴黎一星期遊"之類嘅旅行團？	有 沒 有 "巴 黎 一 星 期 遊" 這 類 的 旅 行 團? yǒu méi yǒu bā lí yì xīng qī yóu zhè lèi de lǚ xíng tuán
Combien coûte ce forfait?	呢個團幾多錢？	這 個 團 的 團 費 多 少 錢? zhè gè tuán de tuán fèi duō shǎo qián
Est-ce que vous avez des guides interprètes en...?	你哋有冇講…嘅人幫導遊翻譯？	你 們 有 沒 有 說 … 的 人 幫 導 遊 翻 譯? nǐ men yǒu méi yǒu shuō de rén bāng dǎo yóu fān yì
– français	– 法文	– 法 語 fǎ yǔ

Français	廣東話	普通話
– anglais	– 英文	– 英 語 yīng yǔ
– cantonais	– 廣東話	– 廣 東 話 guǎng dōng huà
– mandarin	– 普通話	– 普 通 話 pǔ tōng huà
Nous devons prendre quel bus?	我哋應該搭幾多號巴士?	我 們 應 該 搭 乘 幾 路 的 公 車? wǒ men yīng gāi dā chéng jǐ lù dē gōng chē
Il vient nous chercher à l'hôtel?	佢係咪嚟酒店搵我哋?	他 是 不 是 到 酒 店 找 我 們? tā shì bu shì dào jiǔ diàn zhǎo wǒ men
Non, vous prenez un avion jusqu'à...	唔係，你(哋)搭飛機去到...	不 是，你 (們) 搭 乘 飛 機 去 ... bú shì nǐ men dā chéng fēi jī qù
Nous voudrions louer une voiture pour la journée	我哋想租架車用一日	我 們 想 租 輛 車 用 一 天 wǒ men xiǎng zū liàng chē yòng yì tiān
Où se trouve/se trouvent... sur la carte?	地圖上面邊度係...?	地 圖 上 面 哪 裏 是 ...? dì tú shàng miàn nǎ lǐ shì
– les galeries d'art	– 美術館	– 美 術 館 měi shù guǎn
– le quartier des artistes	– 藝術區	– 展 覽 區 zhǎn làn qū
– les plages	– 海灘	– 海 灘 hǎi tān
– le jardin botanique	– 植物公園	– 植 物 公 園 zhí wù gōng yuán

Français	廣東話	普通話
– le quartier des affaires	– 商業區	– 商 業 區 shāng yè qū
– la cathédrale	– 大教堂	– 大 教 堂 dà jiào táng
– le quartier chinois	– 華人區	– 華 人 區 huá rén qū
– les cinémas	– 戲院	– 戲 院 xì yuàn
– le centre-ville	– 市中心	– 市 中 心 shì zhōng xīn
– la mairie	– 大會堂	– 大 會 堂 dà huì táng
– les salles de concerts	– 音樂廳	– 音 樂 廳 yīn yuè tīng
– le palais des congrès	– 國會大樓	– 國 會 大 樓 guó huì dà lóu
– le Centre culturel	– 文化中心	– 文 化 中 心 wén huà zhōng xīn
– l'Alliance française	– 法國文化協會	– 法 國 文 化 協 會 fǎ guó wén huà xié huì
– les boîtes	– 夜總會/的士高	– 夜 總 會/ 迪 斯 科 yè zǒng huì dì sī kē
– les quais	– 碼頭	– 碼 頭 mǎ tóu
– le Parc des expositions	– 展覽公園	– 展 覽 公 園 zhǎn lǎn gōng yuán
– le marché aux puces	– 跳蚤市場	– 跳 蚤 市 場 tiào zǎo shì chǎng
– les jardins publics	– 公園	– 公 園 gōng yuán
– les parcours de golf	– 高爾夫球場	– 高 爾 夫 球 場 gāo ěr fū qiú chǎng
– le port	– 海港	– 海 港 hǎi gǎng

Français	廣東話	普通話
– le lac	– 湖	– 湖 hú
– la Bibliothèque Nationale	– 國立圖書館	– 國 立 圖 書 館 guó lì tú shū guǎn
– le marché	– 市場/街市	– 市 場 shì chǎng
– le monument	– 紀念碑/紀念館	– 紀 念 碑/ 紀 念 館 jì niàn bēi jì niàn guǎn
– les musées	– 博物館	– 博 物 館 bó wù guǎn
– le Parc National	– 國家公園	– 國 家 公 園 guó jiā gōng yuán
– la vieille ville	– 古城	– 古 城 gǔ chéng
– l'Assemblée Nationale et le Sénat	– 國會大樓	– 國 會 大 樓 guó huì dà lóu
– les ruines	– 遺跡	– 遺 跡 yí jì
– le front de mer	– 海濱	– 海 濱 hǎi bīn
– les karaokés	– 卡拉 OK	– 卡 拉 OK kǎ lā
– le stade	– 體育館/運動場	– 體 育 館/ 運 動 場 tǐ yù guǎn yùn dòng chǎng
– la piscine	– 泳池	– 泳 池 yǒng chí
– le théâtre	– 大劇院	– 大 劇 院 dà jù yuàn
– l'université/la Fac/le campus universitaire	– 大學	– 大 學 dà xué
– le zoo	– 動物園	– 動 物 園 dòng wù yuán
C'est ouvert...?	...開唔開門?	會 在 ... 開 放 嗎? huì zài kāi fàng ma

Français	廣東話	普通話
– le samedi	– 星期六	– 星 期 六 xīng qī liù
– le dimanche	– 星期日	– 星 期 天 xīng qī tiān
– le mercredi	– 星期三	– 星 期 三 xīng qī sān
A quelle heure ça ouvre?	幾點開門？	幾 點 開 門? jǐ diǎn kāi mén
A quelle heure ça ferme?	幾點閂門？	幾 點 關 閉? jǐ diǎn guān bì
C'est combien l'entrée?	入場費幾多錢？	入 場 費 多 少 錢? rù chǎng fèi dūo shǎo qián
Est-ce qu'il y a des réductions pour les enfants/étudiants?	細路仔/學生有冇優惠？	兒 童/ 學 生 有 沒 有 ér tóng xué shēng yǒu méi yǒu 優 惠? yōu huì
Vous avez une brochure en français?/en anglais?/en chinois?	有冇法文/英文/中文嘅單張？	有 沒 有 法 語/ 英 語/ yǒu méi yǒu fǎ yǔ yīng yǔ 中 文 的 介 紹? zhōng wén de jiè shào
Je pourrais avoir une brochure?	可唔可以畀份單張我？	可 不 可 以 給 我 一 kě bu kě yǐ gěi wǒ yì 張 介 紹? zhāng jiè shào
Vous pouvez m'indiquer comment y aller?	可唔可以話我聽點去？	可 不 可 以 告 訴 我 kě bu kě yǐ gào sù wǒ 怎 樣 去? zěn yáng qù
Vous avez des cartes postales?	有冇明信片賣？	有 沒 有 明 信 片 出 yǒu méi yǒu míng xìn piān chū 售? shòu

Français	廣東話	普通話
Je peux prendre des photos ici?	我可唔可以喺呢度影相?	我可以在這裏拍照嗎? wǒ kě yǐ zài zhè lǐ pāi zhào ma
Comment s'appelle ce bâtiment?	呢間大廈叫咩名?	這幢大廈的名字是甚麼? zhè zhuàng dà shà de míng zì shì shèn me
Qui est...?	邊個 ...?	是誰 ...? shì shuí
– l'architecte	– 設計呢棟大廈	– 設計這棟大廈 shè jì zhè dòng dà shà
– l'artiste	– 設計呢件藝術品	– 設計這件藝術品 shè jì zhè jiàn yì shù pǐn
– le peintre	– 畫呢幅畫	– 畫這幅畫 huà zhè fú huà
– le sculpteur	– 雕呢件雕像	– 雕這件雕像 diāo zhè jiàn diāo xiàng
Qui a écrit ce livre?	呢本書邊個寫?	誰是這本書的作者? shuí shì zhè běn shū de zuò zhě
Il a vécu à quelle époque?	呢件嘢係乜嘢年代?	這件東西是甚麼年代製造的? zhè jiàn dǒng xi shì shén me nián dài zhì zào de
Ce monument est de quelle époque?	呢個紀念碑幾時刻?	這個記念碑在甚麼時候刻的? zhè gè jì niàn bēi zài shén me shí hòu kè de
Il a été découvert quand?	呢件嘢幾時出土?	這件東西何時出土? zhè jiàn dōng xi hé shí chū tǔ

Français	廣東話	普通話
Où se trouve la maison où a vécu Molière?	莫里以前住過間屋喺邊?	莫 里 從 前 居 住 過 的 房 間 在 哪 裏? mò lǐ cóng qián jū zhù guò de fàng jiān zài nǎ lǐ
Je m'intéresse…	我對…有興趣	我 對 … 有 興 趣 wǒ duì yǒu xīng qù
– aux antiquités	– 古董	– 古 董 gǔ dǒng
– à l'archéologie	– 考古	– 考 古 kǎo gǔ
– à l'art	– 藝術	– 藝 術 yì shù
– à la botanique	– 植物	– 植 物 zhí wù
– aux céramiques	– 陶瓷	– 陶 瓷 táo cí
– aux pièces de monnaie	– 錢幣	– 錢 幣 qián bì
– aux arts traditionnels	– 傳統工藝	– 傳 統 工 藝 chuán tǒng gōng yì
– à l'art culinaire	– 烹飪	– 烹 飪 pēng rèn
– aux meubles	– 家具	– 家 具 jiā jù
– à la géologie	– 地質	– 地 質 dì zhì
– à la musique	– 音樂	– 音 樂 yīn yuè
– à l'histoire	– 歷史	– 歷 史 lì shǐ
– à la peinture	– 畫畫	– 畫 畫 huà huà
– aux poteries	– 整陶瓷	– 陶 藝 táo yì
– à la préhistoire	– 史前嘅嘢	– 史 前 文 物 shǐ qián wén wú

Français	廣東話	普通話
– à la sculpture	– 雕塑	– 雕 塑 diāo sù
– à la zoologie	– 動物	– 動 物 dòng wù

法國特別節日

史特拉斯堡國際音樂節
Festival international de musique à Strasbourg
地點：史特拉斯堡(Strasbourg)
時間：6月

音樂節
Fête de la Musique
地點：法國
時間：6月

亞維農節
Festival d'Avignon
地點：亞維農
時間：7月8日至28日

Francofolies
地點：拉羅謝(La Rochelle)
時間：7月11日至16日

Biarritz Surf Festival
地點：比雅利茲(Biarritz)
時間：7月12日至20日

Chorégies d'Orange
地點：奧朗日(Orange)
時間：7月至8月

法國國旗

三色旗(Tricolore)第五共和的象徵。它起源於在法國大革命之時，皇帝顏色(白色)與巴黎市顏色(藍色和紅色)的聯合。今天，三色旗於所有公眾大廈及大部份民用和軍事的官方儀式中飄揚。

歷史

在法國大革命的前期，三種顏色以帽徽的形式出現。在1789年7月，剛在巴士底監獄(Bastille)被攻陷之前，巴黎正處於動盪不安的狀態。民兵逐漸形成，它特別的標誌是以巴黎古老顏色(藍色和紅色)作帽徽。在7月17日，路易十六(Louis XVI)來到巴黎認可新的國民軍(Garde Nationale)時，除了炫耀藍色和紅色帽徽外，國民軍司令拉斐特(Lafayette)更為軍隊加上皇家的白色以表對皇帝的忠心。

1794年三色旗成為國旗。採納了畫家David的建議，法律規定旗的藍色部份必須最近旗桿。

在19世紀，正統王朝擁護者與法國大革命的三色旗抗爭。在王政復辟時白色王旗再次使用，但路易十八(Louis-Philippe)恢復三色旗。

在1848年革命期間，臨時政府採用三色旗，但在戰場上的人民揮舞紅色旗作為他們起義的信號。

在第三共和之下，公眾輿論關於三色旗逐漸湧現。自1880年，每年7月14日，這三種色在軍隊裏產生愛國熱潮。

今天的法國國旗

在1946年和1958年的憲法(2章)中設立“藍、白、紅”旗作為共和國的象徵。法國國旗除了會於國慶儀式中飄揚，很多時候也作為法國總統發表公開演講的背景。視乎不同的情況，法國國旗也會與其他國家的國旗同時出現。

自由、平等、博愛

繼承了啟蒙時期(Age des Lumières)，"自由、平等、博愛"（"Liberté, Egalité, Fraternité"）最先出現於法國大革命時期。雖然這口號經常都成為疑問，但它最後在第三共和(Troisième République)之下確立了。"自由、平等、博愛"除了寫在1958年的憲法中，也是現今法國國家遺產。

由 Fénelon 至17世紀末，自由、平等和博愛的概念在啟蒙時期變得更流行。在法國大革命之時，"自由、平等、博愛"也是其中個最多人用的格言。在1790年12月，羅伯斯比(Robespierre)主張在國民軍的制服和旗上寫上"法國人"和"自由、平等、博愛"，但他的提案最終被拒絕。

從1793年起，巴黎人(Parisiens)在他們的房子牆上寫上"團結，不可分的共和國；自由，平等或死亡"，其他城市的市民也紛紛模仿他們。但用於這與恐怖活動有關，他們很快被要求刪掉句子中最後的部份。

在帝國之下，"自由、平等、博愛"像許多革命標誌一樣遭廢止。在1848年革命期間，它包含了宗教特色再次出現：教士慶祝"基督兄弟關係"和保佑當時種植自由的樹。當1848年的憲法起草，"自由、平等、博愛"被定義爲共和國的"原則"。

這句格言最後在第三共和之下建立，但仍然有某些人民反對它，包括共和國的黨羽：人較喜歡團結帶來社會平等的調整，但基督徒博愛的內涵並非每一個人都能接受。

為慶祝1880年的7月14日，"自由、平等、博愛"再次出現於公共大廈三角楣飾上。它在1946年和1958年的憲法出現，也是今天法國不可缺的國家遺產。它也使用於今天的硬幣和郵票等公眾物件上。

Indications 指示

Français	廣東話	普通話
PRIERE DE NE PAS MANGER	請勿/不准飲食	請 勿/ 嚴 禁 飲 食 qǐng wù yán jìn yǐn shí
ENTREE INTERDITE	請勿/不准進入	請 勿/ 嚴 禁 進 入 qǐng wù yán jìn jìn rù
PRIERE DE NE PAS TOUCHER	請勿/不准觸摸	請 勿/ 嚴 禁 觸 摸 qǐng wù yán jìn chù mō
INTERDICTION DE MARCHER SUR LA PELOUSE	請勿/不准踐踏草地	請 勿/ 嚴 禁 踐 踏 qǐng wù yán jìn jiàn tà 草 地 cǎo dì
PHOTOS INTERDITES	請勿/不准攝影	請 勿/ 嚴 禁 攝 影 qǐng wù yán jìn shè yǐng
INTERDICTION DE FUMER	請勿/不准吸煙	請 勿/ 嚴 禁 吸 煙 qǐng wù yán jìn xī yān
STATIONNEMENT INTERDIT	不准停車	嚴 禁 停 車 yán jìn tíng chē

Sortir 去街/上街

Au cinéma ou au théâtre 戲院或劇院

Français	廣東話	普通話
Qu'est-ce qu'il y a comme films en ce moment au cinéma?	戲院有乜嘢戲好睇？	戲院有甚麼好看的電影? xì yuàn yǒu shén me hǎo kàn de diàn yǐng
Est-ce qu'il y a une pièce de théâtre intéressante en ce moment?	有冇有趣嘅話劇上演呀？	有沒有有趣的話劇上演? yǒu méi yǒu yǒu qù de huà jù shàng yǎn
C'est une pièce de qui?	呢套戲邊個做㗎？	這齣戲是誰出演的? zhè chū xì shì shuí chū yǎn de
Vous pouvez me conseiller...?	可唔可以介紹…畀我？	可不可以介紹…給我? kě bu kě yǐ jiè shào gěi wǒ
– un bon film	– 一齣好戲	– 一齣好電影 yì chū hǎo diàn yǐng
– une bonne comédie	– 一套好嘅話劇	– 一部好的話劇 yí bù hǎo do huà jù
– une bonne comédie musicale	– 一套好嘅音樂劇	– 一場好的音樂劇 yì chǎng hǎo de yīn yuè jù
– un bon film policier	– 一套偵探電影	– 一部偵探電影 yí bù zhēn tàn diàn yǐng
Je voudrais voir un spectacle culturel	我想睇一套文藝表演	我想看一套文藝表演 wǒ xiǎng kàn yí tào wén yì biǎo yǎn

Français	廣東話	普通話
A quelle heure ça commence?	幾點鐘開場?	甚麼時候開始? (shén me shí hòu kāi shǐ)
A quelle heure ça finit?	幾點鐘完場?	甚麼時候結束? (shén me shí hòu jié shù)
Il reste encore des places pour ce soir?	今晚仲有冇位?	今天晚上還有沒有位? (jīn tiān wǎn shàng hái yǒu méi yǒu wèi)
Je voudrais (réserver) deux places pour le spectacle de samedi soir	我想訂兩張星期六晚演出嘅飛	我想預訂兩張星期六晚上的票 (wǒ xiǎng yù dìng liǎng zhāng xīng qī liù wǎn shàng de piào)

En boîte 的士高/夜總會

CH16_02

Français	廣東話	普通話
Vous connaissez une bonne boîte?	你知唔知邊度有間好嘅的士高?	你知不知道哪裏有好的迪斯科? (nǐ zhī bu zhī dào nǎ lǐ yǒu hǎo de dí si kē)
Quelle genre de musique tu aimes?	你鍾意乜嘢類型音樂?	你喜歡甚麼類型的音樂? (nǐ xǐ huān shén me lèi xíng de yīn yuè)
Je préfère...	我鍾意...	我喜歡... (wǒ xǐ huān)
– le rap	– 講唱音樂	– 說唱音樂 (shuō chàng yīn yuè)
– la techno	– 電子音樂	– 電子音樂 (diàn zǐ yīn yuè)
– le R&B	– R&B	– R&B
– le jazz	– 爵士樂	– 爵士音樂 (jué shì yīn yuè)

Français	廣東話	普通話
J'aime tous les styles de musique	我乜類型嘅音樂都鍾意	我 喜 歡 任 何 類 型 的 音 樂 wǒ xǐ huān rèn hé lèi xíng de yīn yuè
Je connais une boîte super à… qui s'appelle "…". Je suis sûr que tu vas aimer!	我知道有間好正嘅的士高喺…叫…我肯定你會鍾意	我 知 道 有 一 間 很 棒 的 迪 斯 科 在 … 名 字 是 … 我 肯 定 你 會 喜 歡 wǒ zhī dào yǒu yì jiān hěn bàng de dí si kē zài míng zì shì wǒ kěn dìng nǐ huì xǐ huān
C'est combien l'entrée?	入場費要幾多錢?	入 場 費 要 多 少 錢? rù chǎng fèi yào duō shǎo qián
100 dollars avec une conso	一百蚊包一杯飲品	一 百 塊 錢 包 括 一 杯 飲 品 yì bǎi kuài qián bāo kuò yī bēi yǐn pǐn
Tenue correcte exigée	着適當嘅衫	穿 適 合 的 衣 服 chuān shì hé de yī fú
Tenue de soirée exigée	着晚裝	穿 晚 裝 chuān wǎn zhuāng

Sports 運動

Français	廣東話	普通話
Où se trouve le parcours de golf le plus proche?	最近邊度有高爾夫球場？(打高爾夫球)	附近有沒有高爾夫球場？(打高爾夫球) fù jìn yǒu méi yǒu gāo ěr fū qiú cháng
Il est possible de louer des clubs de golf?	可唔可以借高爾夫球棒？	可不可以借高爾夫球棒? kě bu kě yǐ jiè gāo ěr fū qiú bàng
Il y a des cours de tennis près d'ici?	附近有冇網球場？	附近有沒有網球場? fù jìn yǒu méi yǒu wǎng qiú cháng
Je voudrais louer une raquette pour la journée	我想借一塊網球拍用一日	我想借一隻網球拍一天 wǒ xiǎng jie yì zhī wǎng qiú pāi yì tiān
C'est combien pour une heure?	一個鐘頭幾多錢？	一個小時多少錢? yí gè xiǎo shí duō shǎo qián
Vous savez s'il y a une salle de musculation près d'ici?	你知唔知附近有冇健身室呀？	你知道附近有沒有健身室嗎? nǐ zhī dào fù jìn yǒu méi yǒu jiàn shēn shì ma
Il y a une piscine à l'hôtel?	酒店有冇泳池？	酒店有沒有泳池? jiǔ diàn yǒu méi yǒu yǒng chí
Où est-ce que je peux faire du jogging?	我可以喺邊跑步？	我可以在哪裏跑步? wǒ kě yǐ zài nǎ lǐ páo bù
Ce n'est pas dangereux à cette heure-ci?	呢個時間有危險咩？	這個時間有沒有危險? zhè gè shí jiān yǒu méi yǒu wēi xiǎn

Français	廣東話	普通話
Je voudrais voir un match de boxe	我想睇一場拳賽	我想看一場拳擊比賽 wǒ xiǎng kàn yì cháng quán jī bǐ sài
Je voudrais voir un match de basket/de foot car on m'a dit que le basket/le foot est un sport très populaire en France/en Chine/en Hong Kong	我想睇一場籃球賽/足球賽，因為人地話籃球/足球喺法國/中國/香港係好受歡迎嘅運動	我想看一場籃球賽/足球賽，因為別人說籃球/足球在法國/中國/香港是很受歡迎的運動 wǒ xiǎng kàn yì cháng lán qiú sài zú qiú sài yīn wèi bié rén shuō lán qiú zú qiú zai fǎ guó zhōng gúo xiāng gǎng shì hěn shòu huān yíng de yùn dòng
Où est-ce que je peux acheter des places?	我可以喺邊度買飛？	我可以在哪兒買票? wǒ kě yǐ zài nǎr mǎi piào
Il y a un billard/un bowling près d'ici?	附近有冇得打桌球/保齡球？	附近有沒有可以玩枱球/保齡球的地方? fù jìn yǒu méi yǒu kě yǐ wán tái qiú bǎo líng qiú de dì fāng
Il y a un casino à Hong Kong/Paris/Pékin?	香港/巴黎/北京有冇賭場？	香港/巴黎/北京有沒有賭場? xiāng gǎng bā lí běi jīng yǒu méi yǒu dǔ cháng
Où se trouve la boutique des produits détaxés?	邊度有免稅店？	哪兒可以找到免稅店? nǎr kě yǐ zhǎo dào miǎn shuì diàn
Comment doit-on s'habiller pour aller au casino?	去賭場要着乜嘢衫？	去賭場要穿甚麼衣服? qù dǔ cháng yào chuān shén me yī fú

Français	廣東話	普通話
Où se trouve la roulette?	俄羅斯輪盤(輪盤賭)喺邊？	俄 羅 斯 輪 盤 (輪盤賭) 在 哪 兒? é luó sī lún pán zài nǎr
Je voudrais jouer au poker	我想玩 SHOW-HAND	我 想 玩 沙 蟹 wǒ xiǎng wán shā xiè
Je voudrais encaisser ce que j'ai gagné	我想將贏咗嘅籌碼兌現	我 想 將 贏 得 的 籌 碼 兌 現 wǒ xiǎng jiāng yíng dé de chóu mǎ duì xiàn

Les loisirs de l'été Nautique 夏日戶外活動

Planche à voile	滑浪風帆
Saut à l' élastique	笨豬跳
Roller	滾軸溜冰
VTT	越野單車
Surf	滑浪
Kitesurf	風箏滑浪
Beach volley	沙灘排球
Beach soccer	沙灘足球
Beach rugby	沙灘欖球
Plongée sous marime	潛水
Jet ski	水上電單車
Ski mautique	滑水
Randonnée	遠足
Char à voile	風帆車/陸上風帆

Les Cours 番學/上學

Français	廣東話	普通話
Avoir cours	有堂上	我 要 上 課 wǒ yào shàng kè
Tu as cours à quelle heure?	你幾點鐘上堂?	你 甚 麼 時 候 上 課? nǐ shén me shí hòu shàng kè
A quelle heure tu finis les cours?	你幾點鐘落堂?	你 甚 麼 時 候 下 課? nǐ shén me shí hòu xià kè
Tu as un cours de quoi aujourd'hui?	你今日有乜堂上?	你 今 天 有 甚 麼 課? nǐ jīn tiān yǒu shén me kè
Demain j'ai pas de cours	聽日我冇堂上	明 天 我 沒 有 課 míng tiān wǒ méi yǒu kè
J'ai un cours...	我有...堂	我 有 ... 課 wǒ yǒu kè
– de français	– 法文	– 法 語 fǎ yǔ
– de chinois	– 中文	– 中 文 zhōng wén
– de traduction et interprétation	– 翻譯及傳譯	– 翻 譯 及 傳 播 fān yì jí chuán bō
– d'études japonaises appliquées	– 應用日語研究	– 應 用 日 語 研 究 yìng yòng rì yǔ yán jiū
– de business/ commerce	– 商學	– 商 學 shāng xué
– de management	– 管理學	– 管 理 學 guǎn lǐ xué
– d'administration publique et sociale	– 公共及社會行政	– 公 共 及 社 會 行 gōng gòng jí shè huì xíng 政 學 zhèng xué
– de technologies de l'information/ d'informatique	– 電腦資訊科技	– 電 腦 資 訊 科 技 diàn nǎo zī xùn kē jì

Français	廣東話	普通話
– d'économie et finance	– 經濟與金融	– 經 濟 與 金 融 jìng jì yǔ jīn róng
– de génie électronique	– 基因工程	– 基 因 工 程 jī yīn gōng chéng
– de marketing	– 市場學	– 市 場 學 shì cháng xué
– de mathématiques	– 數學	– 數 學 shù xué
– de physique et science des matériaux	– 物料及材料科學	– 物 理 及 材 料 科 學 wù lǐ jí cái liào kē xué
– de communication	– 傳播	– 傳 播 chuán bō
Tu as cours dans quelle salle?	你去邊度上堂?	你 到 哪 裏 上 課? nǐ dào nǎ lǐ shàng kè

La B.U (Bibliothèque Universitaire) 大學圖書館

CH18_02

Français	廣東話	普通話
On va à la B.U!	我哋去圖書館囉!	我 們 去 圖 書 館 吧! wǒ men qù tú shī guǎn ba
Je voudrais emprunter un livre	我想借本書	我 想 借 一 本 書 wǒ xiǎng jiè yì běn shū
Je dois le rendre quand?	我要幾時還?	我 要 何 時 還 那 本 書? wǒ yào hé shí huán nà běn shū
Je cherche la Section «livres français»	我想搵法文書	我 想 找 法 語 書 wǒ xiǎng zhǎo fǎ yǔ shū
Vous pouvez consulter sur place	你可以喺呢度睇	你 可 以 在 這 兒 看 看 nǐ kě yǐ zài zhèr kàn kàn

Tests 測驗

Français	廣東話	普通話
Les devoirs et les examens	功課同埋考試	功 課 還 有 考 試 gōng kè hái yǒu kǎo shì
Le devoir est pour la semaine prochaine	功課下星期交	功 課 下 個 星 期 交 gōng kè xià gè xīng qí jiāo
Un devoir sur table	堂課	堂 測 táng cè
Un devoir à la maison	功課	功 課 gōng kè
La date des examens n'est pas encore fixée	考試日期仲未定	考 試 日 期 還 沒 有 kǎo shì rì qí hái méi yǒu 決 定 jué dìng
L'examen aura lieu samedi prochain	考試定咗喺下星期六	考 試 已 決 定 在 下 kǎo shì yǐ jué dìng zài xià 星 期 六 舉 行 xīng qí liù jǔ xíng
L'amphi.6	六號演講廳	六 號 演 講 廳 liù hào yán jiǎng tīng
On révise ensemble?	我哋係咪一齊溫書?	我 們 要 不 要 一 齊 wǒ men yāo bu yāo yì qí 溫 習? wēn xí

Manger à la cantine ou à la Cafétéria 喺飯堂食飯/在飯堂吃飯

Français	廣東話	普通話
On mange où à midi? A la cantine?	去邊度食晏?飯堂好唔好?	到 哪 兒 吃 午 餐? 在 dào nár chī wǔ cān zài 食 堂 好 不 好? shí táng hǎo bu hǎo

Français	廣東話	普通話
Tu veux manger quoi?	你想食乜嘢?	你 想 吃 甚 麼? nǐ xiǎng chī shén me
Ce que tu veux, ça m'est égal.	你話啦，我冇所謂	隨 你 吧，我 無 所 謂 suí nǐ ba wǒ wú suǒ wèi
On fait la cuisine chez moi?	(我哋)喺我屋企煮飯!	(我們) 在 我 家 做 飯! zài wǒ jiā zuò fàn
Comment ça marche?	點買嘢食?	怎 樣 買 的? zěn yàn mǎi de
Tu commandes d'abord et puis tu payes à la caisse	叫咗嘢食先畀錢	先 點 菜 後 付 款 xiān diǎn cài hòu fù kuǎn
C'est délicieux!	好好味呀!	味 道 很 好 呀! wèi dào hěn hǎo ya

La classe 上堂/上課

CH18_05

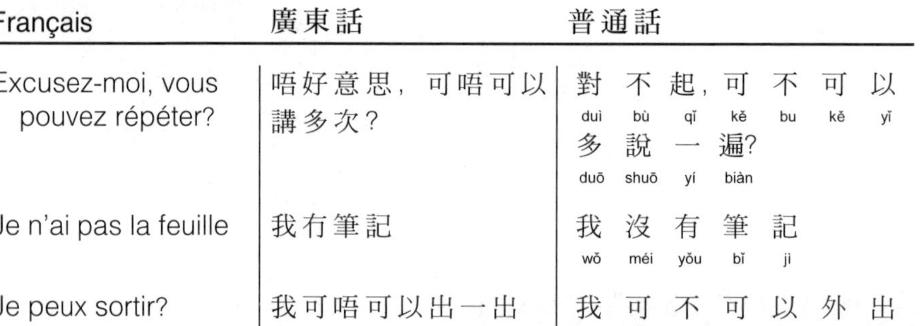

Français	廣東話	普通話
Excusez-moi, vous pouvez répéter?	唔好意思，可唔可以講多次?	對 不 起，可 不 可 以 多 說 一 遍? duì bù qǐ kě bu kě yǐ duō shuō yí biàn
Je n'ai pas la feuille	我冇筆記	我 沒 有 筆 記 wǒ méi yǒu bǐ jì
Je peux sortir?	我可唔可以出一出去?	我 可 不 可 以 外 出 一 會 兒? wǒ kě bu kě yǐ wài chū yí huìr
Je peux partir plus tôt?	我可唔可以早啲走?	我 可 不 可 以 早 點 走? wǒ kě bu kě yǐ zǎo diǎn zǒu

Français	廣東話	普通話
Je ne sais pas	我唔知嗜	我 不 知 道 wǒ bù zhī dào
Tu peux me passer ton dico?	可唔可以借你本字典畀我？	可 不 可 以 借 給 我 kě bu kě yǐ jiè gěi wǒ 那 本 字 典? nà běn zì diǎn
Comment on dit «…» en français/chinois?	法文/中文點講«…»？	怎 樣 用 法 語/ 中 文 zěn yàng yòng fǎ yǔ zhōng wén 說 «…»? shōu
Je peux vous rendre le devoir demain?	我可唔可以聽日還番份功課畀你？	我 可 不 可 以 明 天 wǒ kě bu kě yǐ míng tiān 才 還 你 那 份 功 課? cái huán nǐ nà fèn gōng kè
Je vous le mets dans votre casier	我擺喺你 locker	我 放 在 你 的 儲 物 wǒ fàng zài nǐ de chǔ wù 箱 xiāng
Je peux passer dans votre bureau?	我可唔可以去你辦公室？	我 可 不 可 以 到 你 wǒ kě bu kě yǐ dào nǐ 的 辦 公 室 去? de bàn gōng shì qù
Je vous envoie le fichier par email	我用 email send 個 file 畀你	我 用 電 郵 發 那 個 wǒ yòng diàn yóu fà nà gè 檔 案 給 你 dàng àn gěi nǐ

Le Bureau 辦公室

CH18_06

Français	廣東話	普通話
Où est votre bureau?	你辦公室喺邊？	你 的 辦 公 室 在 nǐ de bàn gōng shì zài 哪 兒? nǎr

Français	廣東話	普通話
Vous êtes dans votre bureau cet après-midi?	你今日下晝會唔會喺辦公室?	你 今 天 下 午 會 不 nǐ jīn [illegible] [illegible] wǔ huì bu 會 在 辦 公 室? huì zài bàn gōng shì
Je peux venir tout à l'heure?	我可唔可以陣間到?	我 可 不 可 以 晚 一 wǒ kě bu kě yǐ wǎn yì 點 兒 才 到? diǎnr cái dào
Vous pouvez me prêter une vidéo/un DVD?	可唔可以借錄影帶/DVD畀我?	可 不 可 以 借 錄 影 kě bu kě yǐ jiè lù yǐng 帶/ DVD 給 我? dài gěi wǒ
Vous avez des cassettes/des CD pour travailler la prononciation?	你有冇練發音嘅錄音帶/CD?	你 有 沒 有 練 習 發 nǐ yǒu méi yǒu liàn xí fā 音 的 錄 音 帶/CD? yīn de lù yīn dài
C'est quoi votre numéro de téléphone au bureau?	你辦公室幾多號電話?	你 辦 公 室 的 電 話 nǐ bàn gōng shì de diàn huà 號 碼 是 多 少? hào mǎ shì duō shǎo
Vous pouvez m'aider pour mon projet?	我個 project 可唔可以搵你幫手?	我 的 課 題 研 究 可 wǒ de kè tí yán jiù kě 不 可 以 找 你 幫 忙? bù kě yǐ zhǎo nǐ bāng máng
J'ai un problème, je peux vous parler?	我有個問題，可唔可以同你傾吓?	我 有 個 問 題，可 以 wǒ yǒu gè wèn tí kě yǐ 跟 你 談 談 嗎? gēn nǐ tán tán ma

Références 參考資料

Chiffres 數字

CH19_01

Français	廣東話	普通話
Zéro	零/0	零 líng
Un	一/1	一 yī
Deux	二/2	二 èr
Trois	三/3	三 sān
Quatre	四/4	四 sì
Cinq	五/5	五 wǔ
Six	六/6	六 liù
Sept	七/7	七 qī
Huit	八/8	八 bā
Neuf	九/9	九 jiǔ
Dix	十/拾/10	十/ 拾 shí
Onze	十一/11	十 一 shí yī
Douze	十二/12	十 二 shí èr

Français	廣東話	普通話
Treize	十三/13	十 三 shí sān
Quatorze	十四/14	十 四 shí sì
Quinze	十五/15	十 五 shí wǔ
Seize	十六/16	十 六 shí liù
Dix-sept	十七/17	十 七 shí qī
Dix-huit	十八/18	十 八 shí bā
Dix-neuf	十九/19	十 九 shí jiǔ
Vingt	二十/20	二 十 èr shí
Vingt-et-un	二十一/21	二 十 一 èr shí yī
Vingt-deux	二十二/22	二 十 二 èr shí èr
Vingt-trois	二十三/23	二 十 三 èr shí sān
Trente	三十/30	三 十 sān shí
Quarante	四十/40	四 十 sì shí
Cinquante	五十/50	五 十 wǔ shí
Soixante	六十/60	六 十 liù shí
Soixante-dix	七十/70	七 十 qī shí

Français	廣東話	普通話
Quatre-vingts	八十/80	八 十 bā shí
Quatre-vingt-dix	九十/90	九 十 jiǔ shí
Cent	一百/100	一 百 yī bǎi
Deux cents	二百/200	二 百 èr bǎi
Trois cents	三百/300	三 百 sān bǎi
Mille	一千/1,000	一 千 yī qiān
Deux mille	二千/2,000	二 千 èr qiān
Cent mille	十萬/100,000	十 萬 shí wàn
Un million	一百萬/1,000,000	一 百 萬 yī bǎi wàn
Un milliard	十億/1,000,000,000	十 億 shí yì
Premier/Première	第一	第 一 dì yī
Second/Seconde	第二	第 二 dì èr
Troisième	第三	第 三 dì sān
Quatrième	第四	第 四 dì sì
Cinquième	第五	第 五 dì wǔ
Sixième	第六	第 六 dì liù

Français	廣東話	普通話
Septième	第七	第 七 dì qī
Huitième	第八	第 八 dì bā
Neuvième	第九	第 九 dì jiǔ
Dixième	第十	第 十 dì shí
Onzième	第十一	第 十 一 dì shí yī
Douzième	第十二	第 十 二 dì shí èr

Jours de la semaine 星期

CH19_02

Français	廣東話	普通話
Lundi	星期一	星 期 一 xīng qī yī
Mardi	星期二	星 期 二 xīng qī èr
Mercredi	星期三	星 期 三 xīng qī sān
Jeudi	星期四	星 期 四 xīng qī sì
Vendredi	星期五	星 期 五 xīng qī wǔ
Samedi	星期六	星 期 六 xīng qī liù
Dimanche	星期日	星 期 日 xīng qī rì

Mois 月份

CH19_03

Français	廣東話	普通話
Janvier	一月	一 月 yī yuè
Février	二月	二 月 èr yuè
Mars	三月	三 月 sān yuè
Avril	四月	四 月 sì yuè
Mai	五月	五 月 wǔ yuè
Juin	六月	六 月 liù yuè
Juillet	七月	七 月 qī yuè
Août	八月	八 月 bā yuè
Septembre	九月	九 月 jiǔ yuè
Octobre	十月	十 月 shí yuè
Novembre	十一月	十 一 月 shí yī yuè
Décembre	十二月	十 二 月 shí èr yuè

Division du temps 時間

Français	廣東話	普通話
Quelle heure est-il?	宜家幾多點呀?	現 在 是 幾 點 鐘? xiàn zài shì jǐ diǎn zhōng
– Il est sept heures	– 宜家七點	– 現 在 是 七 點 xiàn zài shì qī diǎn
– Il est huit heures	– 宜家八點	– 現 在 是 八 點 xiàn zài shì bā diǎn
– Il est trois heures	– 宜家三點	– 現 在 是 三 點 xiàn zài shì sān diǎn
– Il est dix heures	– 宜家十點	– 現 在 是 十 點 xiàn zài shì shí diǎn
– Il est sept heures dix	– 宜家七點二	– 現 在 是 七 點 十 分 xiàn zài shì qī diǎn shí fēn
– Il est sept heures et quart	– 宜家七點三	– 現 在 是 七 點 十 五 分 xiàn zài shì qī diǎn shí wǔ fēn
– Il est sept heures et demie	– 宜家七點半	– 現 在 是 七 點 三 十 分 xiàn zài shì qī diǎn sān shí fēn
– Il est trois heures moins le quart	– 宜家兩點九	– 現 在 是 二 點 四 十 五 分 xiàn zài shì èr diǎn sì shí wǔ fēn
– Il est six heures moins cinq	– 宜家五點十一/五點五十五分	– 現 在 是 五 點 五 十 五 分 xiàn zài shì wǔ diǎn wǔ shí wǔ fēn
A quelle heure part-on?	我哋幾多點走呀?	我 們 何 時 離 開? wǒ men hé shí lí kāi
Le train arrive à quelle heure?	架火車幾點到呀?	那 火 車 何 時 到 達? nà huǒ chē hé shí dào dá

Français	廣東話	普通話
– A neuf heures du matin	– 朝早九點	– 早 上 九 點 zǎo shàng jiǔ diǎn
– A treize heures	– 一點	– 一 點 鐘 yì diǎn zhōng
– A dix-huit heures	– 六點	– 六 點 鐘 liù diǎn zhōng
– Dans dix minutes	– 十分鐘內	– 十 分 鐘 內 shí fēn zhōng nèi
– Dans une demi-heure	– 半個鐘頭內	– 三 十 分 鐘 內 sān shí fēn zhōng nèi
– Dans une heure	– 一個鐘頭內	– 一 小 時 內 yì xiǎo shí nèi
Seconde	秒	秒 miǎo
Minute	分	分 fēn
Heure	時	時 shí
Jour	日	日 rì
Semaine	星期	星 期 xīng qī
Mois	月	月 yuè
Année	年	年 nián
matin	朝頭早	早 上 zǎo shàng
Chaque matin/Tous les matins	每朝	每 天 早 上 měi tiān zǎo shàng
Après-midi	下晝	下 午 xià wǔ

Français	廣東話	普通話
Chaque après-midi/ Tous les après-midis	每日下晝	每 天 下 午 měi tiān xià wǔ
soir	夜晚	晚 上 wǎn shàng
Chaque soir/Tous les soirs	每晚	每 天 晚 上 měi tiān wǎn shàng
Midi	正午	正 午 zhèng wǔ
A midi	喺正午	在 正 午 zài zhèng wǔ
A minuit	喺午夜	在 午 夜 zài wǔ yè
Maintenant	宜家	現 在 xiàn zài
Aujourd'hui	今日	今 天 jīn tiān
Demain...	聽日	明 天 míng tiān
– matin	– 聽朝	– 明 天 早 上 míng tiān zǎo shàng
– après-midi	– 聽日下晝	– 明 天 下 午 míng tiān xià wǔ
– soir	– 聽晚	– 明 天 晚 上 míng tiān wǎn shàng
Hier...	尋日	昨 日 zuó rì
– matin	– 尋日朝早	– 昨 天 早 上 zuó tiān zǎo shàng
– après-midi	– 尋日下晝	– 昨 天 下 午 zuó tiān xià wǔ
– soir	– 尋晚	– 昨 天 晚 上 zuó tiān wǎn shàng

Français	廣東話	普通話
Après-demain	後日	後 天 hòu tiān
Avant-hier	前日	前 天 qián tiān
La semaine prochaine	下個禮拜	下 個 星 期 xià gè xīng qī
Le mois dernier	上個月	上 個 月 shàng gè yuè
un an/une année	一年	一 年 yì nián
L'année dernière	上年	上 年 shàng nián
L'année prochaine	下年	下 年 xià nián
Bonne Année!	新年快樂	新 年 快 樂 xīn nián kuài lè
1998 (Mille neuf cents quatre-vingt-dix-huit)	一九九八年	一 九 九 八 年 yī jiǔ jiǔ bā nián
2005 (Deux mille cinq)	二零零五年	二 零 零 五 年 èr líng líng wǔ nián
Le 14 (quatorze) juillet 1789 (Mille sept cents Quatre vingt-neuf)	一七八九年七月十四號	一 七 八 九 年 七 月 yī qī bā jiǔ nián qī yuè 十 四 號 shí sì hào
Anniversaire	生日	生 日 shēng rì
Vacances	假期	假 期 jià qī
Jour férié	公眾假期	公 眾 假 期 gōng zhòng jià qī

Saisons et temps 季節和天氣

Français	廣東話	普通話
La saison des pluies	雨季	雨 季 yǔ jì
L'hiver	冬天	冬 天 dōng tiān
Le printemps	春天	春 天 chūn tiān
L'été	夏天	夏 天 xià tiān
L'automne	秋天	秋 天 qiū tiān
La sécheresse	旱季	旱 季 hàn jì
La mousson	季風	季 風 jì fēng
il fait chaud	天氣好熱	天 氣 很 熱 tiān qì hěn rè
il fait froid	天氣好凍	天 氣 很 冷 tiān qì hěn lěng
il fait frais	好涼爽	很 涼 爽 hěn liáng shuǎng
c'est inondé	水浸	洪 水 hóng shuǐ
il pleut	落雨	下 雨 xià yǔ
il fait beau (ensoleillé)	天氣好好 (好好太陽)	天 氣 很 好 tiān qì hěn hǎo
il pleut des cordes	落好大雨	下 大 雨 xià dà yǔ
il est tard	好夜喇	很 晚 了 hěn wǎn le

Français	廣東話	普通話
il fait déjà sombre	天都黑喇	天 黑 了 tiān hēi le
Il y a un orage/un typhon	有颱風/打風	刮 颱 風 guā tái fēng

Vocabulaire 詞彙

A

Français	廣東話	普通話
abricot	杏	杏 xìng
absence	缺席	缺 席 quē xí
absolument	絕對	絕 對 jué duì
accent	口音	口 音 kǒu yīn
accessoire	附屬品	附 屬 品 fù shǔ pǐn
accident	事故/意外	事 故/ 意 外 shì gù yì wài
accueillir	容納	容 納 róng nà
acheter	購買	購 買 gòu mǎi
actuel	時尚	時 尚 shí shàng
addition	附加	附 加 fù jiā
admettre	容許	容 許 róng xǔ
administration	行政/施政	行 政/ 施 政 xíng zhèng shī zhèng
admirer	欣賞	欣 賞 xīn shǎng
adulte	成人	成 人 chéng rén

Français	廣東話	普通話
affiche	通告	通 告 tōng gào
âge	年齡	年 齡 nián líng
agriculture	農業	農 業 nóng yè
agréable	和藹/令人滿意	和 藹/ 令 人 滿 意 hé ǎi lìng rén mǎn yì
aider	幫助	幫 助 bāng zhù
aimer	喜歡	喜 歡 xǐ huān
amour	愛	愛 ài
alcool	酒	酒 jiǔ
aller	去	去 qù
allumer	打開	打 開 dǎ kāi
alors	接着	接 着 jiē zhe
amener	攜帶	攜 帶 xié dài
ami	朋友	朋 友 péng yǒu
amitié	友誼	友 誼 yǒu yì
amuser (s'amuser)	娛樂	娛 樂 yú lè
an(s)	歲	歲 suì

Français	廣東話	普通話
anglais	英文	英 文 yīng wén
animal	動物	動 物 dòng wù
annoncer	宣佈	宣 佈 xuān bù
août	八月	八 月 bā yuè
appartement	住宅單位	住 宅 單 位 zhù zhái dān wèi
après	之後	之 後 zhī hòu
apéritif	開胃酒	開 胃 酒 kāi wèi jiǔ
arbre	樹木	樹 木 shù mù
argent	金錢	金 錢 jīn qián
arme	武器	武 器 wǔ qì
arriver	到達	到 達 dào dá
arrêter	停止	停 止 tíng zhǐ
art	藝術	藝 術 yì shù
article	文章	文 章 wén zhāng
ascenseur	升降機	升 降 機 shēng jiàng jī
asseoir	建立	建 立 jiàn lì

Français	廣東話	普通話
assez	足夠	足 夠 zú gòu
assister	援助	援 助 yuán zhù
attendre	等待	等 待 děng dài
attention	注意	注 意 zhù yì
aujourd'hui	今天	今 天 jīn tiān
aussi	亦是	也 是 yě shì
autobus	巴士	巴 士 bā shi
automne	秋天	秋 天 qīu tiān
avare	吝嗇的	吝 嗇 的 lìn sè de
avec	和…一起	和 … 一 起 hé yì qǐ
avenue	大街	大 街 dà jiē
avion	飛機	飛 機 fēi jī
avocat	律師	律 師 lǜ shī
avoir	有	有 yǒu
avril	四月	四 月 sì yuè

B

Français	廣東話	普通話
baguette	杆	杆 gān
bar	酒吧	酒 吧 jiǔ bā
bas	低	低 dī
bateau	艇	艇 tǐng
bateau-mouche	捕魚船	捕 魚 船 bǔ yú chuán
bâtiment	大廈	大 廈 dà shà
beau/belle	美	美 měi
beaucoup	非常	非 常 fēi cháng
beau-frère	異父兄弟	異 父 兄 弟 yì fù xiōng dì
Beau-père	繼父	繼 父 jì fù
belle-mère	繼母	繼 母 jì mǔ
belle-sœur	異父姊妹	異 父 姊 妹 yì fù zǐ mèi
beurre	牛油	牛 油 níu yóu
bibliothèque	圖書館	圖 書 館 tú shū guǎn
bien	好	好 hǎo

Français	廣東話	普通話
bidonville	貧民窟	貧 民 窟 pín mín kū
bientôt	立即	馬 上 mǎ shàng
bistrot	酒吧/咖啡店	酒 吧/ 咖 啡 店 jiǔ bā kā fēi diàn
bière	啤酒	啤 酒 pí jiǔ
blanc/blanche	白色	白 色 bái sè
bleu/bleue	藍色	藍 色 lán sè
blond/blonde	公平	公 平 gōng píng
blouson	風褸	風 褸 fēng lōu
blé	粟米	粟 米 sù mǐ
bœuf	牛	牛 níu
boire	飲	飲 yǐn
bois	飲	飲 yǐn
boisson	飲品	飲 品 yǐn pǐn
boîte	箱	箱 xiāng
bon	好	好 hǎo
bonheur	開心	開 心 kāi xīn

Français	廣東話	普通話
bonjour	早晨/午安	早 安/ 午 安 zǎo ān wǔ ān
bonsoir	晚安	晚 安 wǎn ān
boulanger	麵包師傅	麵 包 師 傅 miàn bāo shī fù
boulevard	大街	大 街 dà jiē
bouteille	樽	樽 zūn
boutique	商店	商 店 shāng diàn
bras	手臂	手 臂 shǒu bì
bruit	噪音	噪 音 zào yīn
brusquement	突然	突 然 tū rán
brûler	燒	燒 shāo
bureau	辦公室	辦 公 室 bàn gōng shì

C

Français	廣東話	普通話
cadeau	禮物	禮 物 lǐ wù
café	咖啡	咖 啡 kā fēi
cahier	筆記簿	筆 記 簿 bǐ jì bù

Français	廣東話	普通話
caisse	盒	盒 hé
caissier/caissière	男收銀員/女收銀員	男 收 銀 員/ 女 收 銀 員 nán shōu yín yuán nǚ shōu yín yuán
calculer	去計算	去 計 算 qù jì suàn
calme	安靜	安 靜 ān jìng
campagne	郊外	郊 外 jiāo wài
canard	鴨	鴨 yā
candidat	申請人	申 請 人 shēn qǐng rén
cantine	食堂	食 堂 shí táng
capitaine	領導者	領 導 者 lǐng dǎo zhě
capitale	主要	主 要 zhǔ yào
carte	地圖	地 圖 dì tú
catalogue	小冊子	小 冊 子 xiǎo cè zi
catholique	天主	天 主 tiān zhǔ
cause	原因	原 因 yuán yīn
ce/cela	這些	這 些 zhè xiē

Français	廣東話	普通話
célèbre	著名的	著 名 的 zhù míng de
celui (celle, ceux, celles)	這個	這 個 zhè gè
cendrier	煙灰缸	煙 灰 缸 yān huī gāng
centre	中心	中 心 zhōng xīn
céréale	穀物	穀 物 gǔ wù
certain/certaine	確實的	確 實 的 què shí de
chambre	睡房	睡 房 shuì fáng
champ	蝴蝶	蝴 蝶 hú dié
champagne	香檳酒	香 檳 酒 xiāng bīn jiǔ
chanson	歌	歌 gē
chanter	唱歌	唱 歌 chàng gē
chapeau	帽子	帽 子 mào zi
chaque	每一個	每 一 個 měi yí gè
chaussettes	襪子	襪 子 wà zi
chaussure	鞋子	鞋 子 xié zi
chemise	恤衫	襯 衣 chén yī

Français	廣東話	普通話
chercher	尋找	尋 找 xún zhǎo
cheval	馬	馬 mǎ
chien	狗	狗 gǒu
choisir	去選擇	去 選 擇 qù xuǎn zé
choix	選擇	選 擇 xuǎn zé
chose	東西	東 西 dōng xī
cigarette	煙草	煙 草 yān cǎo
cinéma	戲院	戲 院 xì yuàn
cinq	五	五 wǔ
cinquième	第五	第 五 dì wǔ
classique	古典的	古 典 的 gǔ diǎn de
client/cliente	男顧客/女顧客	男 顧 客/ 女 顧 客 nán gù kè nǚ gù kè
climat	天氣	天 氣 tiān qì
clé	音部記號	音 部 記 號 yīn bù jì hào
coeur	心臟	心 臟 xīn zàng

Français	廣東話	普通話
coiffeur/coiffeuse	男髮型師/女髮型師	男 髮 型 師/ 女 髮 型 師 nán fà xíng shī nǚ fà xíng shī
collège	中學	中 學 zhōng xué
colère	生氣	生 氣 shēng qì
combien	多少	多 少 duō shǎo
commander	命令	命 令 mìng lìng
comme	好像	好 像 hǎo xiàng
commencer	開始	開 始 kāi shǐ
comment	如何	如 何 rú hé
commerce	企業	企 業 qǐ yè
commode	方便	方 便 fāng biàn
compléter	去完成	去 完 成 qù wán chéng
compter	去計算	去 計 算 qù jì suàn
comédie	喜劇	喜 劇 xǐ jù
concerner	去關注	去 關 注 qù guān zhù
concert	演奏會	演 奏 會 yǎn zòu huì

Français	廣東話	普通話
conduire	駕駛	駕 駛 jià shǐ
confortable	舒適	舒 適 shū shì
congé	假期	假 期 jià qī
connaître	知道	知 道 zhī dao
construction	大廈	大 廈 dà shà
construire	去建築	去 建 築 qù jiàn zhù
conséquence	結果	結 果 jié guǒ
contre	反對	反 對 fǎn duì
conversation	會談	會 談 huì tán
coq	公雞	公 雞 gōng jī
corps	身體	身 體 shēn tǐ
corriger	改正	改 正 gǎi zhèng
costume	套裝	套 裝 tào zhuāng
couleur	顏色	顏 色 yán sè
couple	夫婦	夫 婦 fū fù
courir	跑	跑 pǎo

Français	廣東話	普通話
cours	課堂	課堂 kè táng
cousin	表親	表親 biǎo qīn
coûter	定價	定價 dìng jià
cravate	領帶	領帶 lǐng dài
crayon	鉛筆	鉛筆 qiān bǐ
création	創作	創作 chuàng zuò
crème	忌廉	忌廉 jì lián
croire	相信	相信 xiāng xìn
croyance	相信者	相信者 xiāng xìn zhě
cuillère	匙	匙 chí
cuir	皮革	皮革 pí gé
cuire	烹調	烹調 pēng tiáo
cuisinier	廚師	廚師 chú shī
culture	文化	文化 wén huà

D

Français	廣東話	普通話
dans	在…內	在 … 內 zài nèi
début	開始	開 始 kāi shǐ
décembre	十二月	十 二 月 shí èr yuè
déchirer	扯破/撕碎	扯 破/ 撕 碎 chě pò sī suì
déclarer	表露/宣告/聲明	表 露/ 宣 告/ 聲 明 biǎo lù xuān gào shēng míng
décorer	裝飾	裝 飾 zhuāng shì
décrire	描述	描 述 miáo shù
déjeuner	食午飯	吃 午 飯 chì wǔ fàn
demain	明天	明 天 míng tiān
demander	要求/需要	要 求/ 需 要 yāo qiú xū yào
démolir	破壞	破 壞 pò huài
dent	牙齒	牙 齒 yá chǐ
dentiste	牙醫	牙 醫 yá yī
depuis	從…以來/從/自	從 … 以 來/ 從/ 自 cóng yǐ lái cóng zì
derrière	在…背後	在 … 背 後 zài bèi hòu

Français	廣東話	普通話
désert	沙漠	沙 漠 shā mò
dessert	甜品	甜 品 tián pǐn
dessin	素描/畫	素 描/ 畫 sù miáo huà
dessous	底/下面	底/ 下 面 dǐ xià miàn
deuxième	第二	第 二 dì èr
dialogue	對話	對 話 duì huà
dieu	上帝/神	上 帝/ 神 shàng dì shén
difficile	困難的	困 難 的 kùn nán de
différence	差別/不同	差 別/ 不 同 chā bié bù tóng
dimanche	星期日	星 期 日 xīng qī rì
dîner	晚飯	晚 飯 wǎn fàn
dire	講	說 shuō
discothèque	的士高	的 士 高 dì shì gāo
discussion	討論	討 論 tǎo lùn
disputer (se disputer)	鬧交	吵 架 chǎo jià
diviser	劃分	劃 分 huà fēn

Français	廣東話	普通話
dix	十	十 shí
dixième	第十	第 十 dì shí
dix-huit	十八	十 八 shí bā
docteur	醫生	醫 生 yī shēng
donner	給/畀	給/ 畀 gěi bì
dormir	瞓覺	睡 覺 shuì jiào
dos	背部	背 部 bèi bù
doux/douce	甜的/滑的	甜 的/ 滑 的 tián de huá de
douze	十二	十 二 shí èr
douzième	第十二	第 十 二 dì shí èr
drame	話劇	話 劇 huà jù
drapeau	旗	旗 qí
droit	左面/左	左 面/ 左 zuǒ miàn zuǒ
drôle	好笑的	好 笑 的 hǎo xiào de
dur	硬的	硬 的 yìng de

E

Français	廣東話	普通話
eau/eau minérale	水/礦泉水	水/ 礦 泉 水 shuǐ kuàng quán shuǐ
échec	失敗	失 敗 shī bài
échelle	梯	梯 tī
école	學校	學 校 xué xiào
économie	經濟	經 濟 jīng jì
écouter	聽	聽 tīng
efficace	有效的	有 效 的 yǒu xiào de
égal/égale	相同/平等	相 同/ 平 等 xiāng tóng píng děng
église	教會	教 會 jiào huì
électricité	電	電 diàn
élève	中學生	中 學 生 zhōng xué shēng
élevage	飼養	飼 養 sì yǎng
élire	選舉	選 舉 xuǎn jǔ
embrasser	吻	吻 wěn
emploi	工作	工 作 gōng zuò

Français	廣東話	普通話
empêcher	阻止	阻 止 zǔ zhǐ
enceinte	大肚/懷孕	懷 孕 huái yùn
encore	仍/又	仍 réng
endroit	地方	地 方 dì fāng
enfant	兒童	兒 童 ér tóng
enfin	最後	最 後 zuì hòu
enlèvement	除去/奪走	除 去/ 奪 走 chú qù duó zǒu
ennemi	敵人	敵 人 dí rén
ensemble	一齊	一 起 yì qǐ
ensuite	然後/其後	然 後 rán hòu
entendre	聽見	聽 見 tīng jiàn
enterrement	安葬	安 葬 ān zàng
entièrement	完全地	完 全 地 wán quán de
entre	在...之間	在 ... 之 間 zài zhī jiān
entreprise	企業	企 業 qǐ yè
entrer	進入	進 入 jìn rù

Français	廣東話	普通話
entrée	入口	入 口 rù kǒu
envoyer	寄	寄 jì
épicerie	雜貨鋪	雜 貨 鋪 zá huò pù
épouser	嫁娶/同…結婚	嫁 娶/ 跟 … 結 婚 jià qǔ gēn jié hūn
escalie	樓梯	梯 級 tī jí
espace	地方	地 方 dì fāng
espoir	希望	希 望 xī wàng
esprit	精神	精 神 jīng shén
essayer	試	試 shì
est	東/東面	東/ 東 面 dōng dōng miàn
et	和	和 hé
état	情況/狀態	情 況/ 狀 態 qíng kuàng zhuàng tài
été	夏天	夏 天 xià tiān
éteindre	關(燈/電視…)	關 (燈/電 視…) guān dēng diàn shì
éternité	永恒	永 恒 yǒng héng
étranger	外國的/異地的	外 國 的/ 異 地 的 wài guó de yì dì de

Français	廣東話	普通話
être	是	是 shì
étudier	學習	學 習 xué xí
étudiant	學生	學 生 xué shēng
événement	事情	事 情 shì qíng
évident	明顯的	明 顯 的 míng xiǎn de
exact	準確的	準 確 的 zhǔn què de
excellent/excellente	優秀的	優 秀 的 yōu xiù de
exemple	例子	例 子 lì zi
exister	存在	存 在 cún zài

F

Français	廣東話	普通話
facile	容易的	容 易 的 róng yì de
fac	學系	學 系 xué xì
faim (avoir)	肚餓	肚 子 餓 dù zi è
faire	做	做 zuò
famille	家庭	家 庭 jiā tíng

Français	廣東話	普通話
fantastique	極出色的	極 出 色 的 jí chū sè de
fast-food	快餐	快 餐 kuài cān
fatigué/fatiguée	疲倦	疲 倦 pí juàn
faute	錯誤	錯 誤 cuò wù
fauteuil	扶手椅	扶 手 椅 fú shǒu yǐ
faux	假的	假 的 jiǎ de
femme	女人	女 人 nǚ rén
fermer	關門	關 門 guān mén
fête	節日	節 日 jié rì
fier	信任	信 任 xìn rèn
fille	女兒	女 兒 nǚ ér
film	電影	電 影 diàn yǐng
fils	兒子	兒 子 ér zi
fleur	花	花 huā
fleuve	河	河 hé
fois	次	次 cì

Français	廣東話	普通話
fonction	作用/職員	作用/職員 zuò yòng zhí yuán
foulard	絲巾	絲巾 sī jīn
fraise	士多啤梨	草莓 cǎo méi
franc	免費的	免費的 miǎn fèi de
français	法國人	法國人 fǎ guó rén
fréquent	經常的	經常的 jīng cháng de
frère	兄弟	兄弟 xīong dì
frite	薯條	薯條 shǔ tiáo
fromage	芝士	芝士 zhī shì
fruit	生果	生果 shēng guǒ
fumer	食煙	抽煙 chōu yān

G

Français	廣東話	普通話
gagner	賺(錢)/贏(錢)	賺(錢)/贏(錢) zhuàn qián yíng qián
garder	看管	看管 kàn guǎn
gare	火車站	火車站 huǒ chē zhàn

Français	廣東話	普通話
garçon	男仔	男 子 nán zi
gâteau	蛋糕	蛋 糕 dàn gāo
gauche	左/左面	左/ 左 面 zuǒ zuǒ miàn
général	一般的	一 般 的 yì bān de
généralement	通常	通 常 tōng cháng
genou	膝	膝 xī
gens	人們/人	人 們/ 人 rén men rén
géographie	地理	地 理 dì lǐ
glace	冰	冰 bīng
gloire	光榮	光 榮 guāng róng
goût	味覺/味道	味 覺/ 味 道 wèi jué wèi dào
goûter	品嚐	品 嚐 pǐn cháng
grâce à	多得	多 得 duō dé
grand (m)/grande (f)	大	大 dà
grand-père/grand-mère	祖父/祖母	祖 父/ 祖 母 zǔ fù zǔ mǔ
grands-parents	祖父母	祖 父 母 zǔ fù mǔ

Français	廣東話	普通話
gris (m)/grise (f)	灰色的	灰 色 的 huī sè de
gros (m)/grosse (f)	肥的	胖 的 pàng de
guerre	戰爭	戰 爭 zhàn zhēng

H

Français	廣東話	普通話
habiter	住	住 zhù
haricot	頭	頭 tóu
héros	英雄	英 雄 yīng xíon
heure	小時	小 時 xiǎo shí
hier	尋日	昨 天 zuó tiān
histoire	歷史	歷 史 lì shǐ
hiver	冬天	冬 天 dōng tiān
hésiter	討厭	討 厭 tǎo yàn
homme	男人	男 人 nán rén
honte	恥辱	恥 辱 chǐ rǔ
huit	八	八 bā

Français	廣東話	普通話
huitième	第八	第 八 dì bā

I

Français	廣東話	普通話
idée	主意	主 意 zhǔ yì
il	他	他 tā
ile	島	島 niǎo
image	影像	影 像 yǐng xiāng
immeuble	大廈	大 廈 dà shà
important	重要的	重 要 的 zhòng yào de
indifférent	一樣的	一 樣 的 yí yàng de
industrie	工業	工 業 gōng yè
industriel	工業的	工 業 的 gōng yè de
influence	影響	影 響 yǐng xiǎng
informatique	信息技術	信 息 技 術 xìn xī jì shù
ingénieur	工程師	工 程 師 gōng chéng shī
intéressant	有趣的	有 趣 的 yǒu qù de

Français	廣東話	普通話
invitation	邀請	邀 請 yāo qǐng

J

Français	廣東話	普通話
jalousie	妒忌	妒 忌 dù jì
janvier	一月	一 月 yī yuè
jardin	花園	花 園 huā yuán
jaune	黃色	黃 色 huáng sè
jean	牛仔褲	牛 仔 褲 níu zǐ kù
jeudi	星期四	星 期 四 xīng qī sì
jeune	年青的	年 青 的 nián qīng de
joli (e)	可愛的	可 愛 的 kě ài de
jour	日	日 rì
journée	一天	一 天 yì tiān
juillet	七月	七 月 qī yuè
juin	六月	六 月 liù yuè
jus	汁	汁 zhī

K

Français	廣東話	普通話
kilo	公斤	公 斤 gōng jīn
kilomètre	公里	公 里 gōng lǐ

L

Français	廣東話	普通話
là	那裏	那 裏 nà lǐ
laboratoire	實驗室	實 驗 室 shí yàn shì
lac	湖	湖 hú
lait	奶	奶 nǎi
lampe	燈	燈 dēng
langue	語言	語 言 yǔ yán
lapin	兔	兔 tù
laver	洗	洗 xǐ
leçon	課堂	課 堂 kè táng
légumes	蔬菜	蔬 菜 shū cài
lettre	信	信 xìn

Français	廣東話	普通話
lever	起身	起 床 qǐ chuáng
librairie	書店	書 店 shū diàn
libre	自由的	自 由 的 zì yóu de
liberté	自由	自 由 zì yóu

M

Français	廣東話	普通話
madame	太太	太 太 tài tai
mademoiselle	小姐	小 姐 xiǎo jiě
magasin	店舖	店 舖 diàn pù
magnifique	壯麗的	壯 麗 的 zhuàng lì de
mai	五月	五 月 wǔ yuè
maigre	瘦的	瘦 的 shòu de
main	手	手 shǒu
maintenant	現在	現 在 xiàn zài
mais	但是	但 是 dàn shì
maison	家/屋	家 jiā

Français	廣東話	普通話
malade	病/病的	病/ 病 的 bìng bìng de
manger	食	吃 chī
manteau	外套	外 套 wài tào
marcher	行/走	走 zǒu
marché	街市	市 場 shì chǎng
mardi	星期二	星 期 二 xīng qī èr
mari	老公	丈 夫 zhàng fū
marier	結婚	結 婚 jié hūn
mariage	婚姻	婚 姻 hūn yīn
mars	三月	三 月 sān yuè
mathématiques	數學	數 學 shù xué
matin	早上	早 上 zǎo shàng
maïs	粟米	粟 米 sù mǐ
mécanique	機械的	機 械 的 jī xiè de
meilleur	較好	較 好 jiào hǎo
menu	餐牌	餐 牌 cān pái

Français	廣東話	普通話
merci	多謝	謝 謝 xiè xie
mercredi	星期三	星 期 三 xīng qī sān
mère	媽咪	媽 媽 mā ma
métier	工作	工 作 gōng zuò
mètre	工作	工 作 gōng zuò
métro	地鐵	地 鐵 dì tiě
mettre	放/擺	放 fàng
midi	中午	中 午 zhōng wǔ
ministre	部長	部 長 bù zhǎng
mode	流行	流 行 liú xíng
moins	較少	較 少 jiào shǎo
moment	時間	時 間 shí jiān
montagne	山/山區	山/ 山 區 shān shān qū
montrer	出示	出 示 chū shì
mourir	死	死 sǐ
mouton	綿羊	綿 羊 mián yáng

Français	廣東話	普通話
musique	音樂	音 樂 yīn yuè

N

Français	廣東話	普通話
natation	游水	游 泳 yóu yǒng
nationalité	國籍	國 籍 guó jí
nature	自然	自 然 zì rán
naturel	自然的	自 然 的 zì rán de
né	出生/出世的	出 生 chū shēng
négociation	談判	談 判 tān pàn
neuf	九	九 jiǔ
nom	名字	名 字 míng zì
nombre	數字	數 字 shù zì
non	不是/唔係	不 是 bú shì
nord	北	北 běi
normal	正常的	正 常 的 zhèng cháng de
nous	我哋	我 們 wǒ men

Français	廣東話	普通話
nouveau	新的	新 的 xīn de
novembre	十一月	十 一 月 shí yī yuè
noël	聖誕的	聖 誕 的 shèng dàn de
nuit	晚上	晚 上 wǎn shàng
nul	毫無/零	毫 無/ 零 háo wú líng

O

Français	廣東話	普通話
obtenir	得到	得 到 dé dào
occasion	機會	機 會 jī huì
occupé (être)	忙的	忙 碌 的 máng lù de
océan	海洋	海 洋 hǎi yáng
odeur	氣味	氣 味 qì wèi
œil	眼睛	眼 睛 yǎn jīng
œuf	雞蛋	雞 蛋 jī dàn
officier	官員	官 員 guān yuán
oiseau	鳥	鳥 niǎo

Français	廣東話	普通話
oncle	叔叔	叔 叔 shū shu
onze	十一	十 一 shí yī
or	金	金 jīn
orage	暴風雨	暴 風 雨 bào fēng yǔ
orange	橙	橙 chéng
oreille	耳仔	耳 朵 ěr duǒ
original	原本的	原 本 的 yuán běn de
ou	或	或 者 huò zhě
où	那裏	那 裏 nà lǐ
ouvrir	開門	開 門 kāi mén
oublier	唔記得	忘 記 wàng jì
ouest	西面	西 面 xī miàn

P

Français	廣東話	普通話
pâques	復活節	復 活 節 fù huó jié
pain	麵包	麵 包 miàn bāo

Français	廣東話	普通話
pantalon	長褲	長 褲 cháng kù
papa	爸爸	爸 爸 bà bà
papier	紙	紙 zhǐ
parc	公園	公 園 gōng yuán
parce que	因為	因 為 yīn wèi
parents	父母	父 母 fù mǔ
paresseux	懶惰的	懶 惰 的 lǎn duò de
parfois	有時	有 時 候 yǒu shí hòu
parler	講	講 jiǎng
parti politique	政黨	政 黨 zhèng dǎng
partir	離開	離 開 lí kāi
patience	忍耐	忍 耐 rěn nài
pays	國家	國 家 guó jiā
paysage	風景	風 景 fēng jǐng
peinture	油畫	油 畫 yóu huà
pendant	當…在…期間	當 … 在 … 期 間 dāng zài qī jiān

Français	廣東話	普通話
penser	想	想 xiǎng
perdre	失去	失 去 shī qù
père	爸爸	爸 爸 bā bā
personnel	個人的	個 人 的 gè rén de
petit	細小的	細 小 的 xì xiǎo de
petit-fils	孫仔	孫 (男) sūn
petite-fille	孫女	孫 (女) sūn
piscine	泳池	游 泳 池 yóu yǒng chí
place	地方/坐位	地 方/ 坐 位 dì fāng zuò wèi
plein	滿的	滿 的 mǎn de
pluie	雨/下雨	雨/ 下 雨 yǔ xià yǔ
poisson	魚	魚 yú
pomme	蘋果	蘋 果 píng guǒ
pont	橋	橋 qiáo
porc	豬	豬 zhū
porte	門	門 mén

Français	廣東話	普通話
poste	郵局	郵 局 yóu jú
poulet	雞	雞 jī
pourquoi	為甚麼/點解	為 甚 麼 wèi shén me
pouvoir	可以	可 以 kě yǐ
printemps	春天	春 天 chūn tiān
prison	監獄	監 獄 jiān yù
prière	祈禱	祈 禱 qí dǎo
production	產品	產 品 chǎn pǐn
professeur	教授	教 授 jiào shòu
proposer	提議	提 議 tí yì
province	省	省 shěng
près de	近住	近 jìn
prénom	名字	名 字 míng zì
préparer	準備	準 備 zhǔn bèi
présenter	介紹	介 紹 jiè shào
président	總統	總 統 zǒng tǒng

Français	廣東話	普通話
prêtre	教士	教 士 jiào shì
pur	純的	純 的 chún de

Q

Français	廣東話	普通話
quai	碼頭	碼 頭 mǎ tóu
quand	幾時	何 時 hé shí
quartier	四份之一	四 份 之 一 sì fèn zhī yī
quatorze	十四	十 四 shí sì
quatre	四	四 sì
quoi	甚麼	甚 麼 shén me
quelque chose	某事	某 事 mǒu shì
question	問題	問 題 wèn tí
qui	邊個	誰 shuí
quinze	十五	十 五 shí wǔ

R

Français	廣東話	普通話
rapide	快的	快 的 kuài de
rat	老鼠	老 鼠 lǎo shǔ
récent	最近	最 近 zuì jìn
recevoir	收到	收 到 shōu dào
recommencer	再開始	再 開 始 zài kāi shǐ
reconnaître	認出	認 出 rén chū
refuser	拒絕	拒 絕 jù jué
regarder	睇	看 kàn
région	地區	地 區 dì qū
regretter	後悔	後 悔 hòu huǐ
religion	宗教	宗 教 zōng jiào
remarquable	顯著的	顯 著 的 xiān zhù de
remercier	多謝	謝 謝 xiè xie
rencontrer	遇見	遇 見 yù jiàn
rendre	還	還 huán

Français	廣東話	普通話
rentrer	回家	回 家 huí jiā
repas	進餐	進 餐 jìn cān
répondre	答	回 答 huí dá
reposer (se)	休息	休 息 xiū xī
représenter	代表	代 表 dài biǎo
rester	停留	停 留 tíng liú
restaurant	餐廳	餐 廳 cān tīng
résumer	總結	總 結 zǒng jíe
revenir	再來	再 來 zài lái
révolution	革命	革 命 gé mìng
rez-de-chaussée	地牢	地 牢 dì láo
riche	富有	富 有 fù yǒu
rien	無	無 wú
rire	笑	笑 xiào
rivière	溫習	溫 習 wēn xí
riz	飯	飯 fàn

Français	廣東話	普通話
robe	裙	裙 子 qún zi
roman	小說	小 說 xiǎo shuō
rose	玫瑰	玫 瑰 méi guī
rouge	紅色	紅 色 hóng sè
route	公路	公 路 gōng lù
rue	街	街 jiē

S

Français	廣東話	普通話
sable	沙	沙 shā
sage	聰明人	聰 明 人 cōng míng rén
saignant	流血的	流 血 的 liú xuè de
saint	神經的	神 經 的 shén jīng de
saison	季節	季 節 jì jié
salade	沙律	沙 律 shā lǜ
sale	骯髒	骯 髒 āng zāng
salle	室	室 shì

Français	廣東話	普通話
salle à manger	飯廳	飯 廳 fàn tīng
salon	客廳	客 廳 kè tīng
sang	血	血 xuè
santé	身體	身 體 shēn tǐ
sauce	調味汁	調 味 醬 tiáo wèi jiàng
savoir	知道	知 道 zhī dào
semaine	星期	星 期 xīng qī
sept	七	七 qī
septembre	九月	九 月 jiǔ yuè
serviette	餐巾	餐 巾 cān jīn
seulement	只	只 zhǐ
silence	沉默	沉 默 chén mò
situation	情況	情 況 qíng kuàng
six	六	六 liù
sœur	姐妹	姐 妹 jiě mèi
soir	晚上	晚 上 wǎn shàng

Français	廣東話	普通話
soleil	太陽	太 陽 tài yáng
sonner	響	響 xiǎng
souhaiter	祝	祝 zhù
soutien-gorge	胸圍	胸 圍 xiōng wéi
souvent	經常	經 常 jīng cháng
sport	運動	運 動 yùn dòng
stylo	筆	筆 bǐ
sucre	糖	糖 táng
sud	南	南 nán
sur	在…上面	在 … 上 面 zài shàng miàn
surprise	驚喜	驚 喜 jīng xǐ

T

Français	廣東話	普通話
tabac	煙草專賣局	煙 草 專 賣 局 yān cǎo zhuān mài jú
table	枱	桌 子 zhuō zi
tante	姨媽	姨 媽 yí mā

Français	廣東話	普通話
tard	遲	遲 chí
tasse	杯	杯 bēi
taxi	的士	的 士 dì shì
télévision	電視	電 視 diàn shì
temps	時間	時 間 shí jiān
terminer	做完	做 完 zuò wán
terre	地球	地 球 dì qiú
thé	茶	茶 chá
théâtre	劇院	劇 院 jù yuàn
tomber	跌	跌 diē
toujours	總係	總 是 zǒng shì
touriste	遊客	遊 客 yóu kè
traditionnel	傳統的	傳 統 的 chuán tǒng de
train	火車	火 車 huǒ chē
tranquille	寧靜的	寧 靜 的 níng jìng de
travail	工作	工 作 gōng zuò

Français	廣東話	普通話
travailler	做嘢	工 作 gōng zuò
treize	十三	十 三 shí sān
triste	口渴	口 渴 kǒu kě
trois	三	三 sān
trop	太	太 tài
trouver	找	找 zhǎo
tuer	殺死	殺 死 shā sǐ

U

Français	廣東話	普通話
un	一	一 yī
unique	獨特的	獨 特 的 dú tè de
université	大學	大 學 dà xué
usine	工廠	工 廠 gōng chǎng

V

Français	廣東話	普通話
vacances	假期	假 期 jià qī

Français	廣東話	普通話
vache	母牛	母 牛 mǔ níu
veau	小牛肉	小 牛 肉 xiǎo níu ròu
vélo	單車	單 車 dān chē
vendredi	星期五	星 期 五 xīng qī wǔ
venir	來	來 lái
ventre	肚/腹	肚 子/ 腹 dù zi fù
vert	綠色	綠 色 lǜ sè
veste	外套	外 套 wài tào
vêtement	衫	衣 服 yī fú
viande	肉	肉 ròu
vide	空的	空 的 kōng de
vie	生命	生 命 shēng mìng
vieux	年老的	年 老 的 nián lǎo de
village	鄉村	鄉 村 xiāng cūn
ville	城市	城 市 chéng shì
vin	酒	酒 jiǔ

Français	廣東話	普通話
vingt	二十	二 十 èr shí
visiter	拜訪	拜 訪 bài fǎng
vite	快的	快 的 kuài de
vivre	生活	生 活 sheng huó
voici	這是	這 是 zhè shì
voiture	車	車 chē
volaille	家禽	家 禽 jiā qín
volcan	火山	火 山 huǒ shān
vouloir	想	想 xiǎng
voyou	流氓	流 氓 liú máng
vraiment	真的	真 的 zhēn de
vérité	真理	真 理 zhēn lě

W

Français	廣東話	普通話
wagon-restaurant	餐車	餐 車 cān chē
week-end	週末	週 末 zhōu mò

Y

Français	廣東話	普通話
yeux	眼睛	眼 睛 yǎn jīng

Z

Français	廣東話	普通話
zero	零	零 líng